シビル・ミニマム再考

ベンチマークとマニフェスト

松下圭一

地方自治土曜講座ブックレットＮｏ．92

I　自治体と政策・指数

市民活動、市民世論、あるいは政治・行政の各レベルをとわず、今日の問題発見、政策開発、ついで政策策定、政策実現、政策評価などには、その思考手段として、情報の媒体となる数値つまり《政策指数》が不可欠です。それゆえ、ひろく自治体改革、とくに現在、急務の自治体再生、さらに政治・行政改革をめぐって、この指数のあり方から作り方、読み方までを考えたいと思います。

これまで、この指数の問題領域は、理論家もほとんどとりあげておりません。しかし、自治体、国をふくめて、時代の変化がはげしいため、この政策指数もたえず時代オクレになりがちです。とすれば、市民活動、市民世論、あるいは政治・行政は、時代オクレの指数で判断することになります。これでは、すでに国の財政制度から社会保障制度などの破綻にみられるように、〈政府の失敗〉が持続して構造化してしまいます。しかも、デフレ時代にはいり積算単価の改定がたえずオクレをとるため、あらゆる行政領域で、時価より高いムダヅカイ発注すら、自治体、国をとわずみられます。

とくに、明治以来、「機関委任事務」方式によって、各自治体が政策・制度開発という問題意識を持つことを実質禁止されていたため、自治体の政治・行政をめぐって独自指数が不可欠という思考方法が成立せず、国がつくった官庁統計依存にとどまってきました。議論としては、たとえば「国勢調査」に自治体課題の上乗せ調査などが時折問題となりましたが、各自治体自体が長期・総合計画によって独自政策課題をまとめきれていないため、この上乗せ調査も議論だおれでした。

二〇〇〇年前後になりますと、誰の目にもあきらかになってきた自治体、国の財政・財務危機をめぐって、既成政策・制度のスクラップ・アンド・ビルド、つまりその再編・再生をめざす《政策評価》、さらには、外郭組織での赤字の無限拡大をふくめ、行政膨張という「政府の失敗」を、さしあたり可能な部門での企業原理の導入などでのりきろうとする《新公共管理（ＮＰＭ）》というかたちで、日本でもようやく、おくればせに行政体質の改革が議論されはじめます。

だが、各自治体あるいは各省庁がみずからすすんで、この政策指数を作成・公開しないために、いづれも理論家の間でのファッションどまりとなっています。指数なくしては政策評価、さらにＮＰＭは空論にすぎません。

政策指数ついで指数論がなければ、いかなる改革論議も一般論としてのスローガンだおれになります。現場で検証できる指数がつくられていないため、改革論議は空まわりし、〈現場〉での、あるいは市民からの合意がえられず、その成果をもちえないことになります。

私は、数値をめぐって、この指数という言葉を広くつかいますが、この指数を類型化すれば、次のようになります。もちろん、この類型化は、座標軸のたて方いかんでは、相互移行的です。

Ⅰ　統計指数　自治体、国、国際機構各レベルでの公式の基礎指数。

Ⅱ　調査指数　生活・文化、経済・雇用、福祉・環境、政治・行政などについての実態指数

Ⅲ　動向指数　選挙から株価、あるいは個別争点から景気まで、たえず変動する世論指数

(1)　資源指数　政策をめぐって動員できる職員、施設、機器などのロジスティックス指数

(2)　財務指数　予算・決算関連、さらに個別施策をめぐる原価計算・事業採算から連結財務諸表などによる経営指数（人件費をふくむとともに時価主義）

(3)　法制指数　個別施策基準として、既存の条例、法律、条約、あるいは行政マニュアルなど

に規定されている制度化された基準指数

(a)　争点指数　個別・具体の争点がわかるかたちでつくられる課題指数。予測指数をふくむ。

(b)　目標指数　「指標」ともいわれるが、政策主体が個別施策をめぐって目標値・達成率という関係で設定する計画指数

日本の自治体では市町村、県を問わず、明治以来の官治・集権型の機関委任事務というトリックによって、省庁が一方的にきめる通達・補助金の指数（法制指数）に依存してきたのは周知のとおりです。

それゆえ、自治体は、職員、長・議員をふくめて、政策・制度の開発に不可欠の、前述のような多様な独自指数をつくるという考え方をもたなかったのです。機関委任事務の廃止となった二〇〇〇年改革後も、この惰性は各自治体の庁内でつづいています。かねてから、情報公開というかたちで、市民活動が財務指数をはじめとする指数の作成・公開を要求していますが、政治・行政の深部の指数の作成・公開への拒否姿勢はいまだ微動だにしません。情報公開条例もせいぜい既成庁内文書の公開にとどまっています。

今日も、自治体職員、長・議員は、最近の介護制度などは特例ですが、独自・具体の政策・制

度をつくった経験をあまりもたないため、この指数の作成・公開の緊急性を感じとっていません。必要が「発明の母」とするならば、分権段階の自治体では、この指数作成・公開が必要であるにもかかわらず、今日もなお、「全国画一」、それに「省庁縦割」で「時代錯誤」という特性をもつ国レベルないし省庁からの情報ないし指数に依存するため、自治体でいまだにその〈必要〉を感じていないというのが実状です。国の財政危機とも連動するとともに、また異なる独自構造をもちますが、今日の自治体の財務危機とくに退職金危機をふまえて、これに関連する財務指数すら作成・公開されていないというのが現実なのです（拙稿「転型期自治体における財政・財務」公職研『破綻する自治体、しない自治体』二〇〇三年三月臨時増刊号参照）。

明治以来、二〇〇〇年の分権改革まで、日本の自治体の政治・行政は、その個別争点に国の省庁からの法制とくに通達・補助金の基準ないし指数をあてはめるだけという、いわばモグラタタキ行政でした。これが、日本における「法の支配」の現実でした。なぜ、「わが」地域にこのような政治争点がでてくるのかをめぐって、まず争点情報ないし争点指数を整理、作成、公開して、これにたいする解決のための政策・制度の造出をおこなうという発想をもたなかったのです。

そこでは、つねにモグラタタキ方式によるその場シノギをおこなってきたというのが、国、自治体をふくめて日本の行政の「現場」でした。市町村、県の各『自治体要覧』にも、その自治体がみづからつくった指数はなく、ただ、国レベルの官庁統計の当該自治体部分だけがのっているというのが大方の現状です。

しかも、特定の政策課題にともなって指数づくりが必要になったときは、コンサルタントあるいはシンクタンクなどに百万円単位から千万円単位といったムダなコストをはらって外注していたのでした。しかし、外注による指数の「真実性」は、その作成過程に市民や職員がかかわっていないため、自治体では誰もわからなかったのです。今日みられるリゾート開発ないし第三セクターの破綻も、外注でつくられた、経営予測などの政策指数を庁内で検討せず、ウノミにしたことからもきています。世論調査をふくめて外注依存のため、日本の自治体は、指数問題についての内部人材の育成も考えなかったのであり、そのとき不可欠となるプロジェクト・チーム方式についてもいまだに未熟です。

では、なぜ、指数が必要なのか。簡単な問題です。「たくさんの人がいる」では、需要層をたえず特定しなければならない行政にはなりません。333人、それも成人男性100名、成人女性200名、子供33名というかたちでの実態把握が個別の政策・制度との関連で不可欠だからです。また、病気で熱があるといっても、約束のルールにもとづいて、38度2分、あるいは川のよごれの環境基準でも、BOD××という数字が不可欠となります。このようにみれば、健康保険から介護制度まで、都市計画から環境政策まで、施設設置から事業採算まで、あるいは危機管理をふくめて、すべての個別施策は指数のカタマリからなっていることが、あらためて御理解いただけると思います。指数なくして個別施策あるいは政治・行政なしです。

そこでは、指数の設計・開発、ついで指数による分析・検証、あるいはその公開・読解によって、争点の特定、さらに特定争点をめぐる政策・制度解決がはじめて可能となります。それゆえ、一七世紀ヨーロッパからはじまる近代国家の形成には、周知のように、統計あるいは指数による考察のはじまりといわれる「政治算術」「国勢学」というようなかたちでの指数作成がむすびついていました。また指数からなる毎年の予算・決算も政府活動の年次ごとの整理・表現でした。

ことに二〇世紀は、数値つまり指数作成の必要と技術が一段と飛躍します。そこには、(1)経営ないし行政における専門担当組織の成立、(2)数学さらに調査技術の発達がその背景にあります。これにくわえて、20世紀後半ともなれば、(1)市民活動がおしすすめる情報公開・説明責任の制度化、(2)計算機、記憶機からはじまるコンピュータ技術があります。

理論としては、全体戦争としての第一次大戦、第二次大戦における軍事・経済動員技術、世界大恐慌、戦後復興をめぐる経済政策技術、さらに労働運動の政治進出からはじまるのですが社会保障制度の創設、あるいは一九六〇年代頃からは国際機構ともむすびついた国際比較をともなう生活・環境指数の開発などが寄与していくといってよいでしょう。とくにそこでは「予測・調整」としての政策の総合化をめざす「計画」手法の開発もあります。

日本でも、戦後、とくに経済白書あるいは国民生活白書などの省庁白書の作成がこの政策指数の作成・普及に影響をもちました。ＧＤＰ、あるいはｐｐｍなどという言葉の普及には、一九七〇年代頃まで、この省庁白書が大きな意義をもったといえます。その時点で、経済学、社会学、政治学、また歴史学などへの計量手法の導入もみられました。

ところで、指数は慣習や心情あるいは特定価値がいりまじっている「日常語」ではできにくい、分析、検証ないし情報の整理・公開を、一定の約束のもとで数値化して作成されます。この指数の数値は、まず一定の約束の産物です。この約束が変われば、また指数の作成方法も変わります。それゆえ、指数では、作成の背景にある社会・経済・政治あるいは文化の文脈ないし政策課題がたえず自覚されている必要があります。したがって、指数については「作り方」だけではなく、この一定の約束があるため、「読み方」の訓練も不可欠となります。この読み方では、10％「も」ある、10％「しか」ないというかたちで、たえずその文脈が問題となるわけです。作り方、読み方をめぐる、この「数値」の文脈は「日常語」で述べられます。

指数の作成には日常語から方法的に一たん切断されますが、指数の独走はありえず、日常語をふまえて作られ、かつ読まれるのです。指数と日常語は相互移行性をもつことに、たえず留意したいと思います。それゆえ、**図1**の［2］での情報は、この日常語＋指数というかたちとなり、図1の［3］における予測、調整、評価はそれぞれ指数を不可欠とし、個別施策の指数は**図1**の［4］でみる位置となります。

以上のように考えますと、自治体の政策・制度自立は、自治体が政策情報の媒体として、独自の政策指数をつくれるか否かに、かかっているといってよいでしょう。

ここでいう指数について留意すべきは、次の二点です。

［I］　指数というと精密性を連想させますが、一定の文脈でつくられるため、指数はつねに「不完全」な相対数値です。しかも、それぞれの政策課題をめぐる文脈如何によって精密性の構造も変わります。

環境汚染物質であれば、今日ではナノ単位などにまで精密化していますが、そこでも政策のレベルでは、科学がだすXからYという巾のある許容値のなかで、きびしいXに近くするか、ゆるやかなYに近くするかは、むしろ公開された手続による政治判断によるのです。あるいは田園におけるドジョウやオタマジャクシの復活を指数化して指標としてつかってもよいのです。また崖崩れ、洪水の予測についてでは、国が大金と時間をかけてハザード・マップというかたちではじめ

図１　政策の三角模型

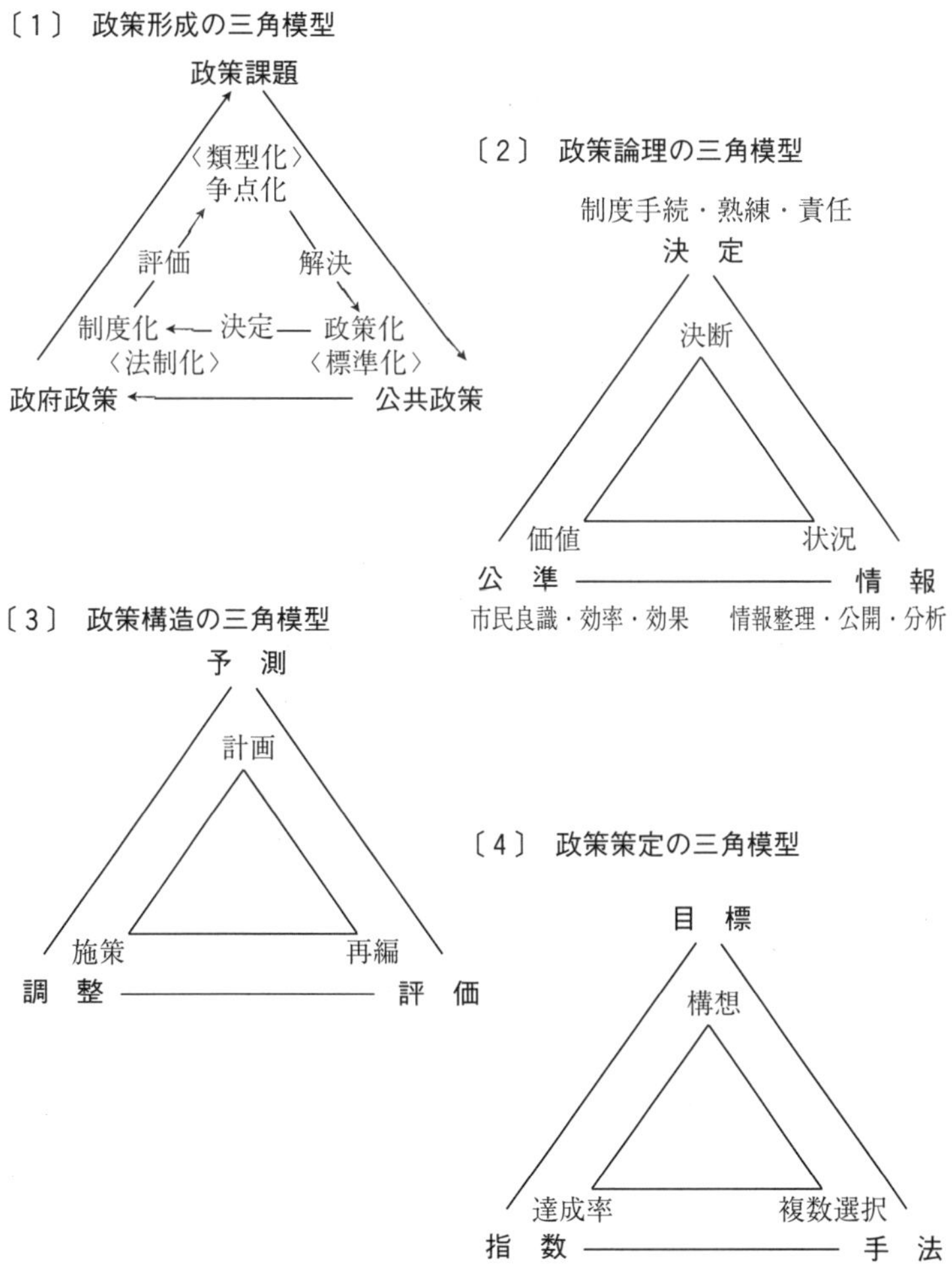
〔１〕 政策形成の三角模型
政策課題
〈類型化〉
争点化
評価
解決
制度化
決定
政策化
〈法制化〉
〈標準化〉
政府政策
公共政策
〔２〕 政策論理の三角模型
制度手続・熟練・責任
決　定
決断
価値
状況
公　準
情　報
市民良識・効率・効果
情報整理・公開・分析
〔３〕 政策構造の三角模型
予　測
計画
施策
再編
調　整
評　価
〔４〕 政策策定の三角模型
目　標
構想
達成率
複数選択
指　数
手　法

ましたが、市町村では大金をかける方式よりも地域の古老にかつておきたケースを尋ねあるいて地図におとすとともに、その年代の気象条件を気象史から調べて複合させればよいのです。つまり、それぞれの指数作成には、問題の文脈をどう解きほぐすかという、市民をはじめ当事者、ついで担当責任者の〈工夫〉こそが、もとめられます。

それゆえ、指数にかかわる理論家の数式についても、これは思考仮設にすぎないのですから、一驚してタジログことはありません。それどころか、この数式が必要とする指数が、ここでみたように現場にナイというのが、ひろくみられる実態ですから、この数式自体は思考訓練とはなっても、現場に指数がないため、役に立たないことが多いのです。

〔Ⅱ〕　指数の作成・読解をめぐっては、その政策課題自体の政府レベルを確定する必要があります。さしあたり、市町村、県、あるいは国、さらに国際機構を考えればわかるように、国あるいは国際機構のレベルの平均指数を各県、各市町村に直接アテハメルことはできません。A町は国平均以上、B村、C市は国平均以下なのを平均して、国平均をだすからです。国平均の数字は「情報指数」にとどまり、A町、B村、C市の「課題指数」にはなりません（後述）。他方、市町村にとっては、世界平均、国平均の指数で考えるのが必要な政策もありますが、市町村レベルでの個別・具体の政策策定にあたっては、「わが」自治体、それに自治体内の地域別の指数こそが不可欠となります。

このため、市町村・県、国、国際機構をめぐって、どの政府レベルでの指数が必要なのかについて、たえず検討する必要があります。つまり、地図は縮尺によって情報の中味が変わるように、指数も政府レベルのちがいによって作成・読解の方法、ついでその情報内容が変わります。いわば、遠・近によって風景が変わるのと同型です。

この政策指数の作成、公開、読解には、市町村・県、国、国際機構の各政府レベルで、市民、長・議会、職員いづれにおいても、その熟度が必要となります。とくに、職員の課題ないし存在理由の第一は、政策策定・執行とのかかわり以前の、政策策定・政策評価に不可欠である政策情報の整理・公開となります。とすれば、政策情報の媒体たる政策指数の作成・公開は職員もしくは行政機構の基本課題といえます。つまり、政策指数なくしては、政治・行政自体が今日なりたちません。もちろん、指数自体は政策策定・政策評価の媒体であることはすでにのべています。

この『土曜講座』での、私のこのような立論を聞いていただいて、北大教授神原勝さんから、今日の自治体の先端領域としての自治体法務（→政策法務）・自治体財務（→政策財務）（拙著「転型期自治体における発想と手法」土曜講座ブックレット、二〇〇〇年、公人の友社、あるいは拙著『自治体は変わるか』一九九九年、岩波新書参照）に対応させて、自治体「数務」（→政策数務）と名づけてはどうかという提案がありました。たしかに、政策法務、政策財務とは問題のレベルは異なりますが、指数問題は政策数務というかたちで、政策策定・政策評価のフロンティアとなるべき自立した問題領域です。

ただ、法務については法務専門職員をそだてて文書室を法務室に転換、財務については財務室を市長直属あるいは企画部、財政部、総務部いづれかへの設置が、分権段階の今日急がれていますが、この《数務》についてはすべての職員が政策・制度の独自開発をめぐって習熟していくべきです。

自治体における従来の事務作業はコンピュータに入り、技術作業は外部化していくため、職員の課題は分権段階の今日ではプランナー型ないしプロデューサー型に変わります。ここから、職員には政策・制度の開発・実現能力が不可欠として問われていきますから、職員すべてに指数の作成・読解が要請されます。従来の自治体統計課は国のいわゆる官庁統計の消化であるため、この自治体の政策数務とは異次元と位置づけ、今後双方をどのように関連づけていくかを各自治体それぞれに工夫するとともに、この自治体数務をふまえて国の官庁統計の再編をきびしく考えていきたいと思います。

Ⅱ　政策指標の今日的展開

最近、日本の自治体レベルで、この政策指数をめぐって、とくに目標指数、いわば政策指標型の指数の作成が、政策責任あるいは政治改革との関連で、あらたに論議されるようになってきました。歓迎したいと思います。

一九九九年、東京都の政策指標方式（以下ベンチマーク方式と略）の模索、あるいは今後は選挙ごとに議論となるでしょうが、二〇〇三年になって、関心がもたれはじめた市民との選挙契約という意味をもつマニフェスト方式（以下マニフェスト方式と略）の提起がこれです。とくに前者はアメリカ、後者はイギリスの動向から影響をうけていますが、この二モデルとの関係をふくめて、前節でみた政策の策定・評価、さらには政治・行政改革をめぐる指数問題の緊急性を基軸に、政策における指数の課題と意味について、あらためてその理論問題を考えてみたいと思います。

　自治体、国をとわず、政策策定・政策評価さらに政治・行政改革、とくに財務問題では、この政策目標の指数化なしには、公開性、説得性、責任性をもちえません。ここから、指数問題という、共通のヒロバとなる議論が成立する必要があるのですが、その展開にはたちおくれています。ただ、この点について、日本でもそれなりの歴史と理論があったことも、ここで想起したいと思います。

　市民生活をめぐる政策目標の指数化つまり政策指標値の設定について、日本ではじめて総合システム化をめざしてカタチをもったの

図2　東京都シビル・ミニマム計画（1970～12972年）

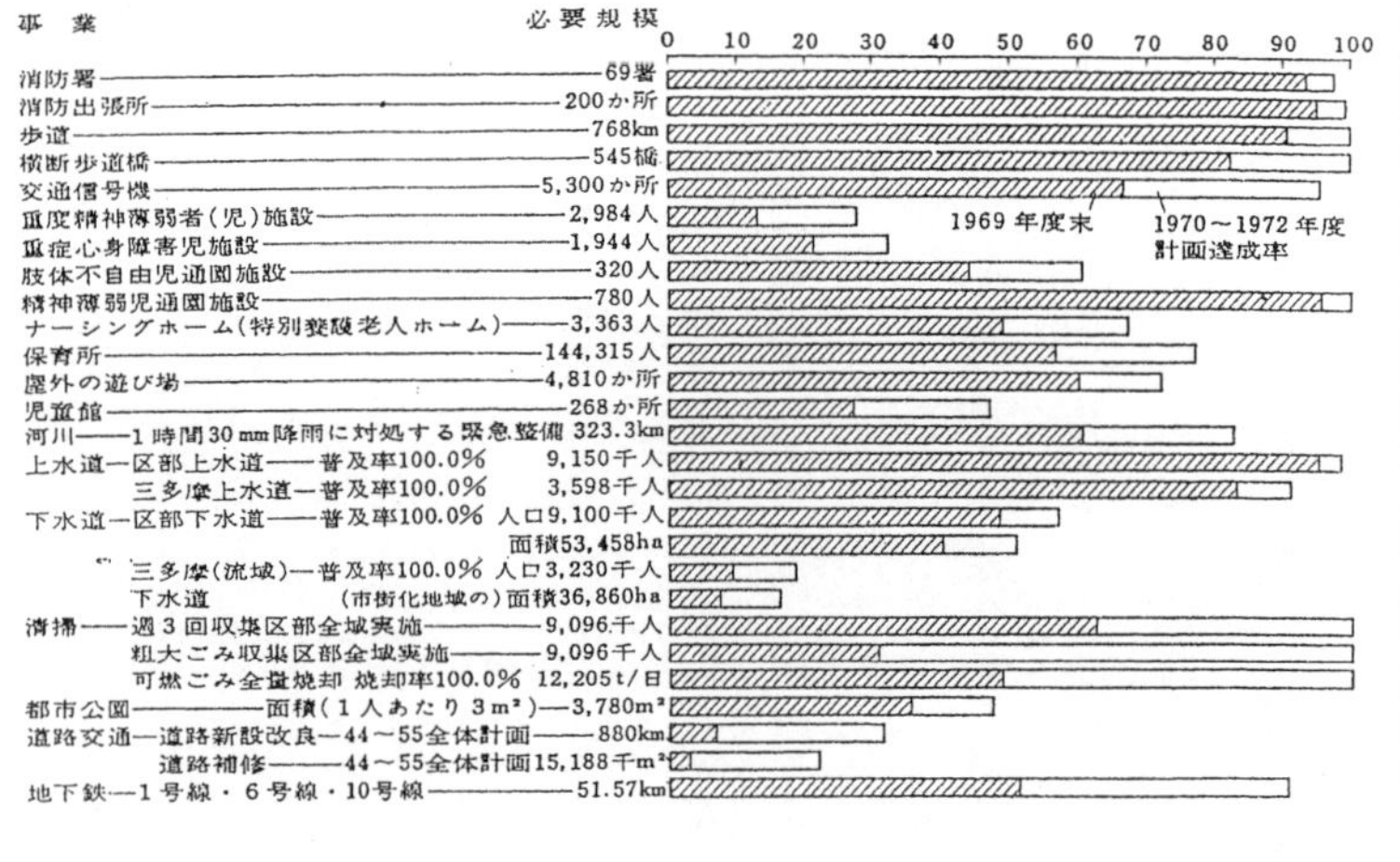

は、シビル・ミニマム理論をふまえて、自治体計画の手法転換をおこなった一九六九年の『東京都中期計画』でした。（図2参照）たしかに、指数のシステム化は経済では「産業連関表」などがつくられていましたが、市民生活関連ではじめての試行といってよいでしょう。このシビル・ミニマム設定からの出発という自治体計画の手法は、ついで一九七〇年、「全国革新市長会」の『革新都市づくり綱領・シビル・ミニマム策定のために』となって、現実に種々の市で実際の計画・施策となっていきます。この点、『資料・革新自治体』（正・続、一九九〇・一九九八年、日本評論社）に原資料がでています。

ベンチマーク方式をとりあげた東京都は、一九九九年『東京都政策指標の開発に向けて』（都・政策報道室調査部報告書）で、かつてのシビル・ミニマム策定との関連をふまえて、**図3**のような位置づけをおこなうとともに、その意義を次のようにのべています。

「**1　「東京都政策指標」とは**　多岐にわたる都政の成果を都民に説明し、都庁の内外における政策論議を高めていくためには、政策の目標と実績をわかりやすい指標で示すことが必要である。／「わかりやすさ」については、「一般の都民が指標の持つ意味を理解し」、「都民が生活の変化を実感できる指標」という程度の意味に考えている。ちなみに、米国の州政府等では、この種の指標をベンチマーク（BENCHMARKS）と言っている。／**2　「政策指標」の意義**　政

図3 「シビル・ミニマム」と「政策指標」（「東京都政策指標の開発に向けて」、2000年東京都政策報道室）

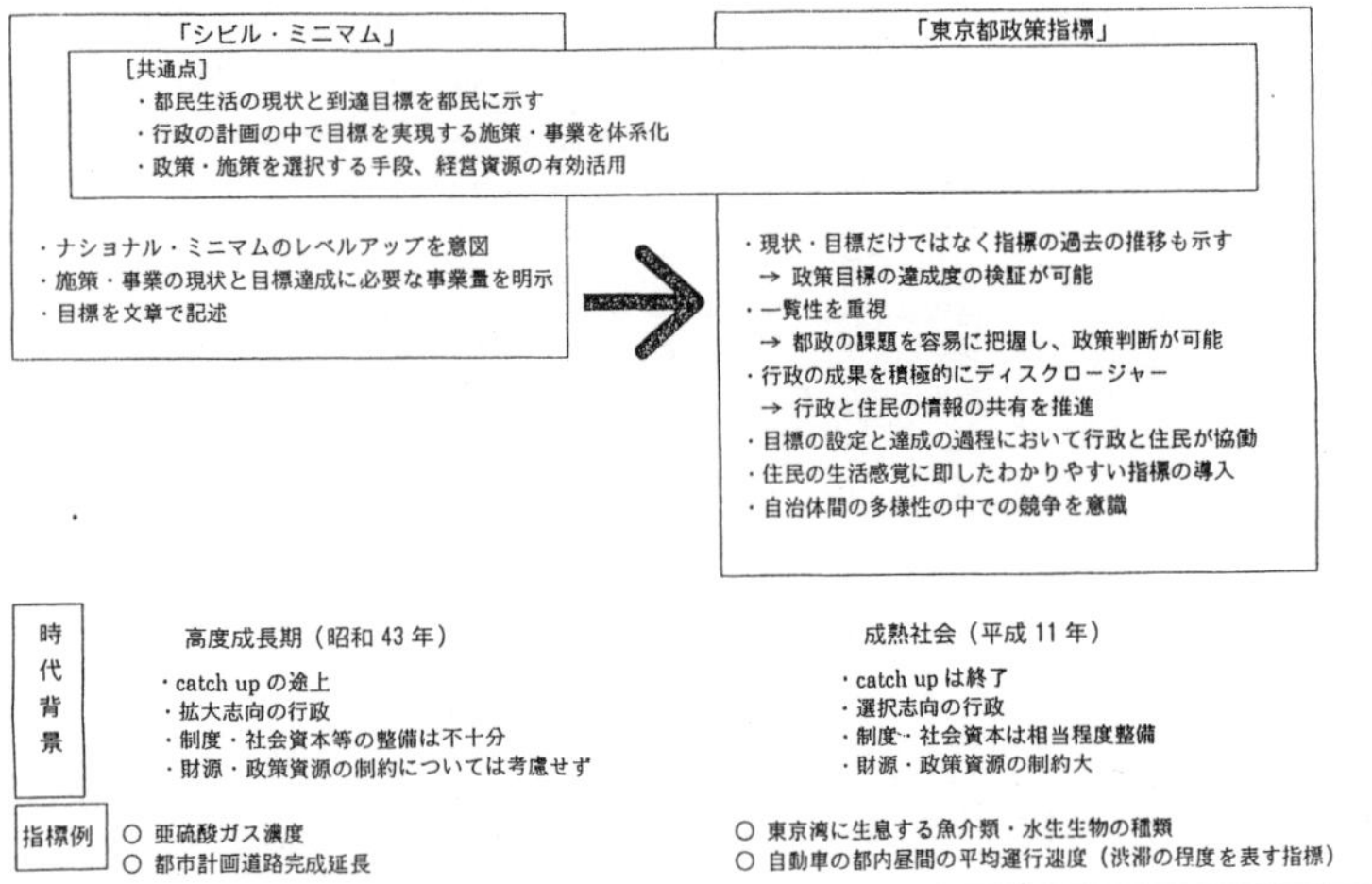
「シビル・ミニマム」
「東京都政策指標」
［共通点］
・都民生活の現状と到達目標を都民に示す
・行政の計画の中で目標を実現する施策・事業を体系化
・政策・施策を選択する手段、経営資源の有効活用
・ナショナル・ミニマムのレベルアップを意図
・施策・事業の現状と目標達成に必要な事業量を明示
・目標を文章で記述
・現状・目標だけではなく指標の過去の推移も示す
→ 政策目標の達成度の検証が可能
・一覧性を重視
→ 都政の課題を容易に把握し、政策判断が可能
・行政の成果を積極的にディスクロージャー
→ 行政と住民の情報の共有を推進
・目標の設定と達成の過程において行政と住民が協働
・住民の生活感覚に即したわかりやすい指標の導入
・自治体間の多様性の中での競争を意識
時代背景
高度成長期（昭和43年）
・catch up の途上
・拡大志向の行政
・制度・社会資本等の整備は不十分
・財源・政策資源の制約については考慮せず
成熟社会（平成11年）
・catch up は終了
・選択志向の行政
・制度・社会資本は相当程度整備
・財源・政策資源の制約大
指標例
○ 亜硫酸ガス濃度
○ 都市計画道路完成延長
○ 東京湾に生息する魚介類・水生生物の種類
○ 自動車の都内昼間の平均運行速度（渋滞の程度を表す指標）

策指標は、一般に、以下の意義を持つと考えられる。①地方自治体が、過去から現在にかけての実績数値及び未来に向けての目標値を一覧性をもって示すことにより、個別の政策分野ごとの現状及び目標が一目瞭然となる。②住民、議会、行政、ジャーナリズム等が、自治体が現在行っている、あるいは行おうとしている政策について議論をする際の共通の土俵が築かれる。③現在までの指標値の推移を見せることにより、状況が悪化している分野や目標値に対し達成度が遅れている分野が明らかとなり、予算や人員等の政策資源の重点的又は優先的な配分を行うことができる。④政策の目標が明らかになることから、行政の担当部局の意識を「予算獲得」志向から「施策の成果」志向に転換することが可能

となる。⑤目標値を達成できなかった場合、その理由を説明する責任（アカウンタビリティ）がより強く求められることになる。」

次に、マニフェスト方式は、従来、大声のカケ声どまり、あるいは細かい要求羅列どまりの各候補者ないし政党の選挙公約を一歩すすめて、候補者ないし政党がみづから政治責任を明示するとともに、国、自治体を問わず、選挙後、政府をになったときには、このマニフェストを新政府の基本課題として「政府決定」とするという、政治のシクミを新たにつくろうという考え方です。従来の選挙かぎりの安易な公約をマニフェスト型に変えて、マス・デモクラシーから必然の政治要請となるのですが、選挙に参加する市民との「契約」という性格をもたせ、重点政策課題の「数値目標」、つまり「指標値」を基本に、その実現の「期限」、「財源」、「手法」さらには「工程表」を前もってしめすというものです。

四日市大学地域政策研究所などもとりあげていましたが、最近では、『中央公論』二〇〇三年八月号に国レベルのマニフェストをめぐって、「21世紀臨調緊急提言」が、**図4**をはじめ次のようにのべています。

「マニフェストは、①政治の機能がダイナミックな選択にあること、②政党の存在意義は社会の多種多様な利害・関心を複数の選択肢に集約する機能にあること、③政党が掲げる政策は資源の裏づけを含め、実現可能なものでなければならないこと、を再認識させる。／政権獲得を狙うすべての政党・政党連合は、次の総選挙において政権として取り組むべき具体的な政策パッケージを、①国民による検証や自己評価が可能であるような具体的な目標設定（たとえば、数値、達成時期、財源的な裏づけなど）、②政策実行の体制や仕組み、③政策実現のための工程表とともに示し、政権公約を競い合うわが国憲政史上初の総選挙を実現すべきである。」

この国レベルについての図4でとくに留意したいのは、「組閣・実行体制」、「政策決定・実施」などについて、私のいう《官僚内閣制》から《国会内閣制》への転換をうながしている点です。自民党長期政権の崩壊をみた細川内閣段階で、官僚は官僚

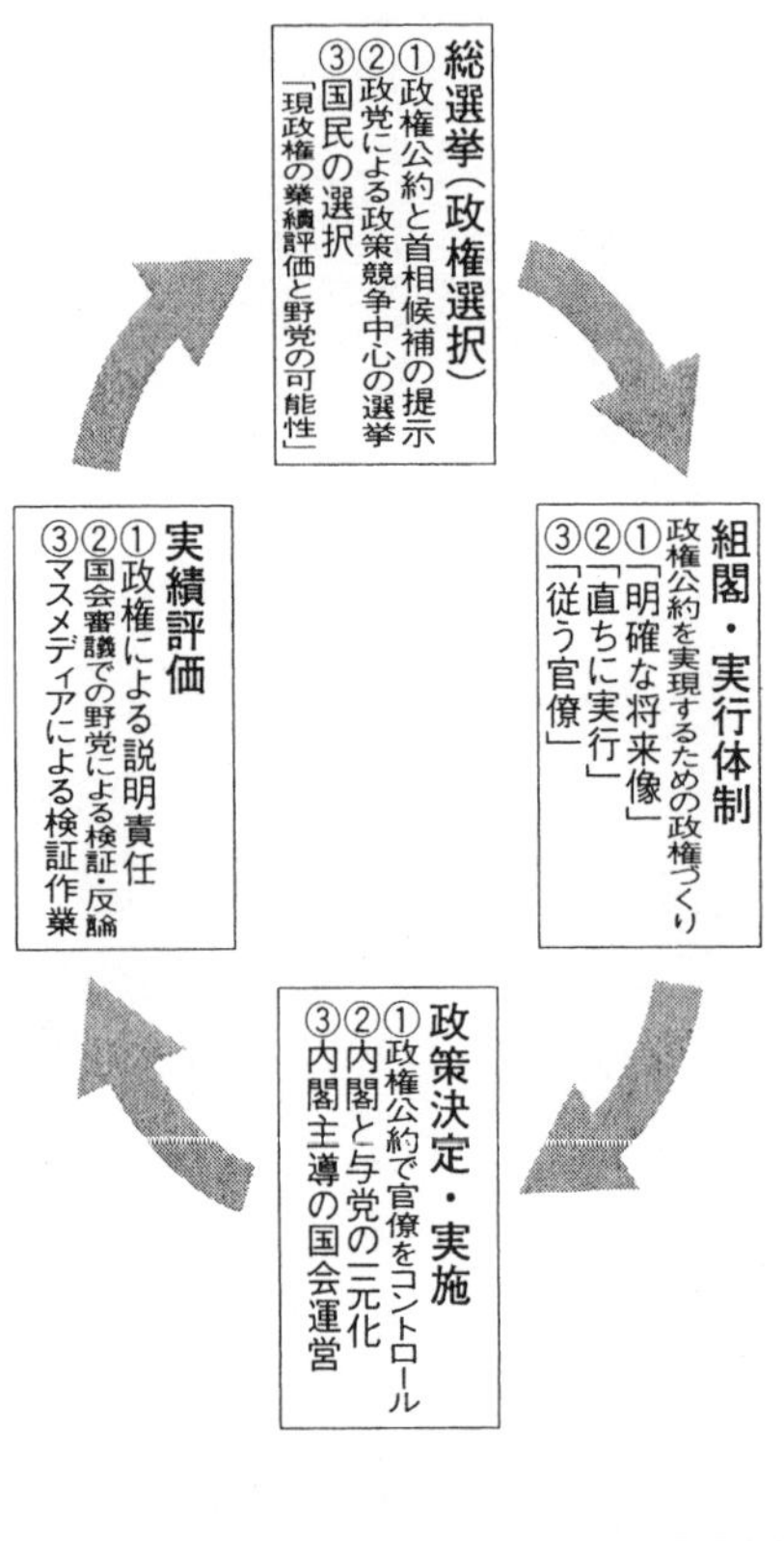
総選挙（政権選択）
①政権公約と首相候補の提示
②政党による政策競争中心の選挙
③国民の選択
「現政権の業績評価と野党の可能性」
組閣・実行体制
政権公約を実現するための政権づくり
①「明確な将来像」
②「直ちに実行」
③「従う官僚」
政策決定・実施
①政権公約で官僚をコントロール
②内閣と与党の一元化
③内閣主導の国会運営
実績評価
①政権による説明責任
②国会審議での野党による検証・反論
③マスメディアによる検証作業
図4　政権公約による政治サイクルの再構築

基軸の政官業複合を背景に〈行政の継続性〉をかかげ、国会・内閣責任による政策転換、さらには政治・行政改革を拒否しました（拙著『政治・行政の考え方』一九九八年、岩波新書、六〇頁以降参照）。この〈行政の継続性〉という官僚がつくりだした行政無謬神話を打破して、「国権の最高機関」たる国会を基本に内閣が政治主導の政策・制度転換をはかることこそが、官僚内閣制にかわるこの国会内閣制の課題です。新内閣による政策転換を、この指標化をともなうマニフェストがあらかじめ内閣ないし政治・行政改革の課題として明示するわけです。

自治体でも、「機関委任事務」方式が廃止となった二〇〇〇年分権改革以降は、当然、長の交替は、議会との調整をともないながら、各自治体での政策転換ないし政治・行政改革がおこるはずです。そのとき、長と議会との二元代表制からくるのですが、政治職の副知事・助役の任命については、議会は改革型の市民出身よりも、継続型の職員幹部を支持しがちです。さらには、この職員幹部は長にも立候補することもあり、また議会事務局人事もおさえます。そこでは、国と同じく政官業複合をともないながら国の官僚内閣制と同型の、しかも二〇〇〇年改革後も官治・集権発想を残した職員幹部基軸制が続いていきます。つまり〈行政の継続性〉は自治体でもみられ、自治体レベル独自の政治・行政改革もここで妨げられます。とすれば、長あるいは議会の自治体選挙でも、指標化をともなうマニフェストの選択が、政治・行政改革には不可欠です。

以上のように、今日の日本では、政策指標をめぐって、ベンチマーク方式とマニフェスト方式の二つの考え方の流れがでています。だが、前者は今日のところ結局、理論ダオレとなり、後者はコレカラのとりくみによることになります。しかし、そこでは、日本の政治においても指数ないし指標が政策をめぐって不可欠の位置を、また新しいカタチで示していると私は考えます。

政策目標の指数化つまり「指標」という考え方の成立は、20世紀への移行期前後、①専門官僚組織の成立、②イギリスのフェビアニズムによる調査・統計の試行を背景に、その技術開発がすすむというかたちで、現代の政策理論につながっていきます。このような問題設定をおこなったフェビアニズムについては、当時、サンジカリストやギルド・ソーシャリストなどの心情ラジカリストたちからは「官僚社会主義」と批判されたのは、このためです。

この20世紀移行期前後のフェビアン協会による「貧困調査」から、ヨーロッパでの今日性をもつ社会保障の政策・制度開発は出発します。つまり指数からの出発です。ビスマルクやロイド・ジョージはその前史にとどまります。さらに第一次世界大戦における戦時の軍事・経済動員、ついでロシア・ドイツ革命による社会主義計画経済の模索、また一九三〇年代の世界恐慌対策が、この指数・指標づくりに拍車をかけます。当時、「経済参謀本部」論や「ブレーン・トラスト」論が出発する背景がここにあります。日本でも戦前、このグローバルな流れをふまえて、企画院が設置され、戦後の経済安定本部、経済企画庁とつづきます。そこでは、また、「マクロ経済学」ないし「計画経済学」も数理手法をふまえて成立していきます。北欧やイギリスからはじまる、とくに『ビバリッジ報告』(一九四二年)での「ナショナル・ミニマム」という、指標設定による社会保障制度の成立には、以上のような歴史背景があったわけです。

私は、このナショナル・ミニマムという考え方をふまえて、一九七〇年前後に、

Ⅰ　政策主体を国から市民ついで自治体への転換

Ⅱ　社会保障だけでなく、社会資本、社会保健にも設定

というかたちで、政策の指標化をめざした《シビル・ミニマム》という考え方を理論として提起していきます(後述図5参照)。このシビル・ミニマムという和製英語を造語したのは一九六五年でした。その頃、私が出入りしていた「都政調査会」で、この論点について、シビック・ミニマム、シティズン・ミニマムなどのいづれにするか、などの議論をおこなっていました。

このシビル・ミニマムという考え方についての理論設定によって、当時、市の三分の一、あるいは大都市県のいくつかをしめた「革新自治体」の自治体計画は、新しくその作成手法と課題設定を転換していきます。これまでの自治体計画の発想は、国主導の経済・国土開発の下支えをめざした公共事業型でしたが、シビル・ミニマム論によって政策指標を明示する《市民福祉》型に

改造されることになります。

有名な経済成長指標を設定した一九六〇年池田内閣の『所得倍増計画』の方法、あるいは一九七二年国土のハード型改造をめざした田中首相の『日本列島改造論』は、このシビル・ミニマムの設定によって、計画方法論としては180度の転換がうながされることになります。都市計画さらに自治体計画は、このシビル・ミニマムの空間システム化となったのです。

以上の論点をまとめた論稿が、一九七〇年の拙稿「シビル・ミニマムの思想」（『展望』5月号）です。その後拙著『シビル・ミニマムの思想』（東大出版会、一九七一年）に、発想の背景がわかるようなかたちでまとめます。さしあたり、『日本の自治・分権』（一九九六年、岩波新書）を参照してください。また、当時のシビル・ミニマム設定の意義をみるには、岩波講座『現代都市政策V シビル・ミニマム』の拙稿「シビル・ミニマムと都市政策」（一九七三年）、また「シビル・ミニマムの提起」（一九八〇年、拙著『戦後政治の歴史と思想』一九九四年、ちくま学芸文庫所収）。があります。

シビル・ミニマムを最初に現実の計画手法にしたのが、前述の図2にみた一九六九年の『東京都中期計画』でした。この市民生活をめぐる政策指数・指標のシステム化をめざしたという意味で、当時、画期的衝撃となりました。しかも、前述したように、これは今日のアメリカ発によるベンチマーク方式について、三〇年前でのサキガケだったのです。

このシビル・ミニマム設定にともなう自治体計画手法の転換については、さらに拙稿「自治体計画のつくり方」『岩波講座・現代都市政策Ⅲ』（一九七三年）、おなじく拙稿「回想の武蔵野市計画」（『自治体は変わるか』一九九九年、岩波新書）があります。計画策定方法の今日的展開については、拙著『分権段階における総合計画づくり』（多治見市ブックレット・一九九九年）を参照ください。

都の一九六九年の『中期計画』（図2）をあたらめてみますと、日本が都市型社会にはいりはじめた一九六〇年代、日本の地域はナイナイづくしで、憲法25条にもとづく生活権としてのシビル・ミニマムの公共保障をめざすには、（1）従来の省庁縦割の発想による国法依存を脱却して、自治体独自のシビル・ミニマムとしての政策基準を個別・具体の施策にそれぞれ設定するとともに、（2）これをシステム化し、各自治体内部における財源の計画配分が不可欠だったことが、おわかりいただけると思います。

しかも、当時の国の法制基準はナショナル・ミニマムの規定といえないほど劣悪でしたから、折からの高成長にともなう自治体財源の自然増を背景に、自治体独自基準としてのシビル・ミニマムの設定によって、劣悪な国基準の改革をせまるとともに、国基準にたいする量レベルでの「上乗せ・横出し」というかたちで、自治体の独自戦略を構築し、国から自立した《自治体計画》の策定にむかうことになったのです。

この意味では、一九七〇年代以降、シビル・ミニマムの空間システム化をめざして、市民参加・職員参加の手続で策定された、日本が独自で開発したこの《自治体計画》方式は、今日の自治体レベルでのマニフェスト方式の予示をかたちづくっていたといえます。そこでは、目標値、財源・期限また工程表をも計画実現あるいはその進行管理をめぐって、計画自体のなかでとりあげることをめざしていました。

ただ、残念ながら、『市民自治の憲法理論』（一九七五年、岩波新書）で問題提起したように、自治体行政は「国法の執行」、とくに通達・補助金基準のアテハメにすぎないと、明治以来、自治体職員が「機関委任事務」方式の官治・集権トリックによって訓練されてきたため、当時の自治体職員の政策策定能力は「無」にひとしく、革新自治体をふくむ先駆自治体をのぞいて、多くの自治体では政策・制度開発はまだ「思いつき」の程度でした。

しかも、農村型社会の発想による「労働者階級」の「階級闘争」をかかげていた当時の社会党、共産党の中枢も、自民党と同じく、都市型社会で必然となる「市民活動」、「自治体改革」を理解すらできなかったのです。

その頃、自治体、国をふくめて、また保守・革新ふくめて、日本全体として、都市型社会への移行に対応できず、農村型社会を原型とする明治国家型のムラ＋官治・集権の発想だったのです。

時代錯誤になっている当時の国法基準を絶対とみなして、おずおずとわずかに「上乗せ・横出し」を自治体ははじめていったというのが、実状でした。それでも、このわずかの独自政策についても、省庁官僚からは「いつ〇〇市は独立国となったのか」と恫喝されたというエピソードがいくつもつたわっています。二〇〇〇年分権改革後の今日も、《市民自治》から出発する、「自治体基本条例」（後述）の策定・実効による官治・集権から自治・分権への転換という発想がなお未熟のため、自治体職員の発想もいまだにこの上乗せ・横出し水準にとどまりがちとなっています。

このシビル・ミニマムの量充足は、経済成長率がたかかったため、ほぼ一九八〇年代にはメドがつき、ムダづかいでタチオクレタ自治体の下水道をのぞけば、ほぼ終わりはじめました。そのころから、バブルによる財源自然増もあり、さらに交付税措置で自治省（現総務省）があおる「単独事業」として、自治体は豪華なハコモノづくりなどに走りはじめます。

私は、一九六〇年代からの市民参加、一九七〇年代からの情報公開論を起点において、行政体質、職員水準が従来型のままにとどまるとき、このハコモノづくり、さらに公共事業主導の地域づくりもムダづかいに終わると批判していくわけです。

つまり、最初から市民参加ついで情報公開の手続、また計画・デザインをめぐる思想の転換、さらに運営・管理における市民参加の組織と市民型職員の育成が不可欠と位置づけます。これを、

「行政の文化化」というかたちで、一九八〇年代から提起しました。事実、ムダづかいをした自治体は、二〇〇〇年代の今日では、財政破綻となってしまったではありませんか。

私は、一九八〇年代には、シビル・ミニマムについては、量充足さらに量拡大から脱却して、あらたに《質整備》にむけての行政体質、職員水準の〈飛躍〉、つまり「行政の文化化」、さらに「自治体文化戦略」の構築が、不可欠と提起していきます。文化施策への予算拡大という従来発想の文化行政論を逆転させて、行政自体の「自己革新」をともなう職員の「文化水準」の上昇、さらに自治体による「文化戦略」の構築を課題としたのです。既成の文化水準の低い行政体質のまま、文化関連予算をふやしても、その後みられるような赤字タレナガシのハコモノや公共事業、あるいはかたちだけのイベントなどでのムダづかいに終ります。この論点をまとめたのが、『市民文化は可能か』(一九八五年、岩波書店)、『社会教育の終焉』(一九八六年、筑摩書房、新版二〇〇三年、公人の友社)です。

このシビル・ミニマム基準の量充足から質整備への転換をめぐっては、そこにどうしても、日本の政治・行政の官治・集権から自治・分権へのシクミの転換が不可欠でした。官治・集権では、行政とは「国法の執行」というかたちで、①全国画一、②省庁縦割、③時代錯誤の行政になります。自治・分権となってはじめて、各自治体独自の政策・制度開発によって、①地域個性、②地域総合、③地域試行を活かすようになります。ここから、自治体法務・自治体財務の自立、また自治体文化戦略の構築もはじまります。

その可能性の基本としては、一九六〇年代からの市民活動の出発がありますが、自治体の課題変化と職員の学歴上昇を背景に、一九八〇年代には自治体職員の自主研究集団が全国に群生し、これを背景に自治体職員中心の「自治体学会」も一九八六年に出発します。これらが、機関委任事務の廃止という『地方自治法』大改正にともなう、二〇〇〇年の分権改革をおしすすめる推力になります。

一九七〇年前後のシビル・ミニマムの提起は、国法基準というかたちをとる国つまり省庁からの自治体の政策・制度自立の、日本における最初のはじまりでした。しかも、この自立を《自治体計画》の作成手法の転換というかたちで推進したのです。この転換は、指数・指標をふまえて、市民を起点としたシビル・ミニマムの総合空間システム化をめざしたという画期性をもちます。いわば、市民による政治・行政の「社会工学」化をそこではめざしていたのです。政治・行政は、もはや官僚つまり省庁縦割の機関委任事務というトリックによる、国家の「統治秘術」ではなくなっていきます。

当時の革新自治体を先駆とする自治体の自立した計画策定のはじまりにたいしては、自治省は国、県のいわゆる「上位計画」に市町村を従属させるために、一九六九年、『地方自治法』旧2条5項を新設し（現4項）、議会議決による「基本構想」の策定を条文化しました。二〇〇〇年分権改革後の今日も、『地方自治法』は市町村のみに「基本構想」の議会議決を義務づけています。

県は当時も、そして二〇〇〇年分権改革後も、戦前の明治国家型官僚統治のシクミをうけついで、国の各省庁からの天下り人事を中核に、まだ縦割直轄機構と省庁からはみなされています。そのうえ、二〇〇三年の統一選挙でも、四七知事のうち官僚出身知事は二五名をしめています。ここから、県の長期・総合計画による自治体としての自立ないし総合については、各省庁からの反対があるためできず、結局、自治省は国の省庁からおりてくる県の縦割計画に県議会が介入できないよう市町村についてのみ議決を義務づけたのです。

だが、革新自治体ないし先駆自治体は、市町村、県を問わず、この「基本構想」を逆手にとって、国の計画・施策の下請から脱しはじめ、「国家統治による経済成長」から、シビル・ミニマムの独自設定をふまえた「市民自治による市民福祉」への政策転換をめざした自治体計画の策定にむかいました。

前述の一九六九年の『東京都中期計画』にひきつづき、一九七一年の『広場（市民参加）と青空（シビル・ミニマム）の東京構想』にみられるように、県でも自治体計画をめぐって、政策自立への一歩をふみだしはじめます。ここから、自治体計画の策定手続をめぐって、「市民参加」「情報公開」も日程にのぼっていきました。私は、この《自治体計画》は日本が独自に開発した自治体政治手法と位置づけています。

ここで、次節にのべるシビル・ミニマムの指標化の必要性をふまえて、指標自体の今日的論点をつけくわえておきます。まず、「政策評価」については、ここでみた目標値と達成率にかんする指標が基本となります。さらに原価計算、事業採算、また連結財務諸表からでてくる多様な財務指数、さらに市民の施策・施設への対応度にかんする指数などの作成・公開がなければ、政策評価は不可能です。いわゆる「新公共管理」（ＮＰＭ）もこのような指数化が基本にあってはじめて、その発想が生きるといってよいでしょう。それゆえ、これまで俗に「科学的」といわれるのは、この特定局面についての「指数化」を意味しているにすぎないといって過言ではありません。指数化は特定論点について、日常語ではできにくい「実証・分析」をおしすすめうるからです。

この論点について、国、自治体の政治家もほぼ同型ですが、（1）指数化による情報の整理・公開を、現状保守のため行政機構ないし官僚・職員は拒否すること、（2）この指数化によって問題点があきらかになったとしても、行政機構ないし官僚・職員はそれへの対応を先オクリし、解決能力を今日のところ欠いていること、の二点に留意する必要があります。この二点は、すでに一九九〇年代のバブル崩壊以降、「行政の劣化」というかたちであきらかになった、国ついで自治体の行政現実です。なぜ、日本の政治・行政であらためて「スピード」が問題になってきたのかが御理解いただけると思います。

そこでは、国・自治体ともに、連結財務諸表の作成がないため累積赤字の総体がわからないだけでなく、連結すべき外郭組織では日本道路公団のように赤字か黒字かすらわからない事態が露呈するわけです。また第二予算といわれた財政投融資については、国・自治体をふくめた複雑怪奇な構造をもち、そのコゲツキ度もはっきりしていないではありませんか。これでは、日本の政治・行政の現実は「指数」つまり数値のない「言葉」でのゴマカシだったといわざるをえません。

この意味では、日本の官僚・職員は各政府レベルの政官業複合にのめりこんで、専門職業としても劣化しているわけです。個々の市民はその職業において〈専門〉をもっているため、文化水準・専門水準は、庁内の前例に拘束され、時代錯誤の国法規制に閉ざされている官僚、職員よりもたかくなってきたといわざるをえないゆえんです。

日常の政治・行政において、この指数作成がおこなわれず、とくに不都合な指数はツクラナイというかたちで、指数の作成・公開を指示しなかった政治家をふくめ、この官僚・職員はサボタージュがみられるといってよいでしょう。今日、自治体での退職金危機についても、その関連財務指数がほぼつくっていない、あるいはつくっても公開しない点に留意ください。このため、この争点指数をつくればその問題点があきらかとなり、対策をとれるのにたいして、これを先オクリしたため、退職金危機は居眠り自治体ではもう手オクレとなっています。デフレあるいは談合、政治リベートもあって、地域によっては三割はたかいといわれている入札価格についても、市民の税金のムダヅカイという意味で、同型の問題もたえず議論になります。

としますと、政治・行政改革には、あるいは情報公開には、この政治・行政の深部にたちいった指数化が不可欠ということになります。とくに、行政組織は、日本の場合、国、自治体をとわず、いまだに終身雇用、年功序列という中進国型閉鎖身分制ですから、実態は年功をつめばつむほど、行政革新にとりくまず、官僚・職員は「恙なく」退職をめざして無能になるシカケとなっているといってよいでしょう。二〇〇〇年前後、〈政治主導〉による国、自治体の政治・行政改革が急務となる理由は、ここにあります。

としますと、指数をめぐるかつての《シビル・ミニマム》の設定、ついで《自治体計画》の策定を先駆とする、今日の「ベンチマーク方式」と「マニフェスト方式」という二つの流れをめぐっては、あらためて旧来型の日本の政治・行政にみられる指数無視という実状をいかに変革していくかが問われていることになります。この論点が、市民参加・情報公開の中核課題だったのですが、この課題が提起されはじめた一九六〇年代以降ほぼ半世紀たっても、いまだ道半ばにもきていないことになります。

Ⅲ　都市型社会とシビル・ミニマム

では、なぜ、都市型社会では政策目標の指数化が問題になるのでしょうか。共同体・身分による《慣習》が持続性をもつ農村型社会と異なって、変化のスピードがはやい都市型社会では《政策・制度》による人工の社会管理が、社会の組織・制御の基本となるからです。

たしかに、都市型社会でも、最後には、伝統的な孫子やマキァヴェリにみられるような政治決断としての「政府決定」は不可欠です。しかし、都市型社会では、この政治決断の前提として、たえず社会の組織・制御のための「社会管理」のあり方が問題となります。政治決断が政治学、社会管理が行政学の原型です。もちろん、私のいう「政策型思考」には、双方がふくまれます。この点では、拙著『政策型思考と政治』（東大出版会、一九九一年）にまとめています。図1の［2］

にみる公準・情報が、ここでいう社会管理の基本論点となります。

政治決断とは闘争ないし社会の組織・制御をめぐる「政府決定」で、古来、インペリウム（帝権・王権）とむすびついていましたが、とくに近代ヨーロッパの国家観念の成立によって成熟する考え方です。ここから、逆に、〈国家統治〉をめぐる「階級闘争」は、〈市民社会〉における「社会管理」に転化するという考え方もでてきたわけです。政府決定ないし政治決断は社会の管理に解消すると、一時、一九世紀前半の社会主義では楽観して考えていたのです。

この社会という観念は、ロックが17世紀に《市民社会》というかたちで造型します。この市民社会における管理をうたいあげたのが、サンシモン、マルクスなど、「市民」社会主義者たちです。この考え方が「管理」という発想の基本原型となります。これの変形が、ヘーゲルにみられるように、後進国ドイツからはじまりロシア、日本、中国などでその後成立した、国家が社会を吸収する「国家」官僚主義をかたちづくったのです。この「国家」官僚主義は、「市民」社会主義の対極にある官僚社会主義となります。日本の官治・集権は、明治以来、また戦後の保守・革新をふくめて、官僚国家主義ないし官僚社会主義だったのです。戦前以来、今日も、日本では国家観念崇拝がはびこり、官僚による「国家統治」から市民による「社会管理」へ、という市民社会の自立をふまえた先進国型発想は政治家、理論家をふくめて成熟しておりません。

ところが、現代の都市型社会が成熟すれば、社会の組織・制御、予測・調整をめぐって、市民による「社会管理」が不可欠となります。農村型社会の共同体・身分が崩壊するため、過渡期には「国家統治」というかたちで国家官僚組織が社会の組織・制御、予測・調整をにないますが、都市型社会が成熟すれば市民みずからによる社会の組織・制御、予測・調整が不可欠となります。

都市型社会の個人は、個人フローとしての所得をうるため職業をもち、団体・企業も加わりますが、同時に**図5**にみる社会ストックとしての①社会保障、②社会資本、③社会保健の公共整備、つまりシビル・ミニマムの政策・制度保障がなければ、個人の所得がたかくても、個人は生活できません。大判、小判がザクザクで終る日本の昔噺にみられるように、カネサエア

図5　都市型社会の生活・政策構造

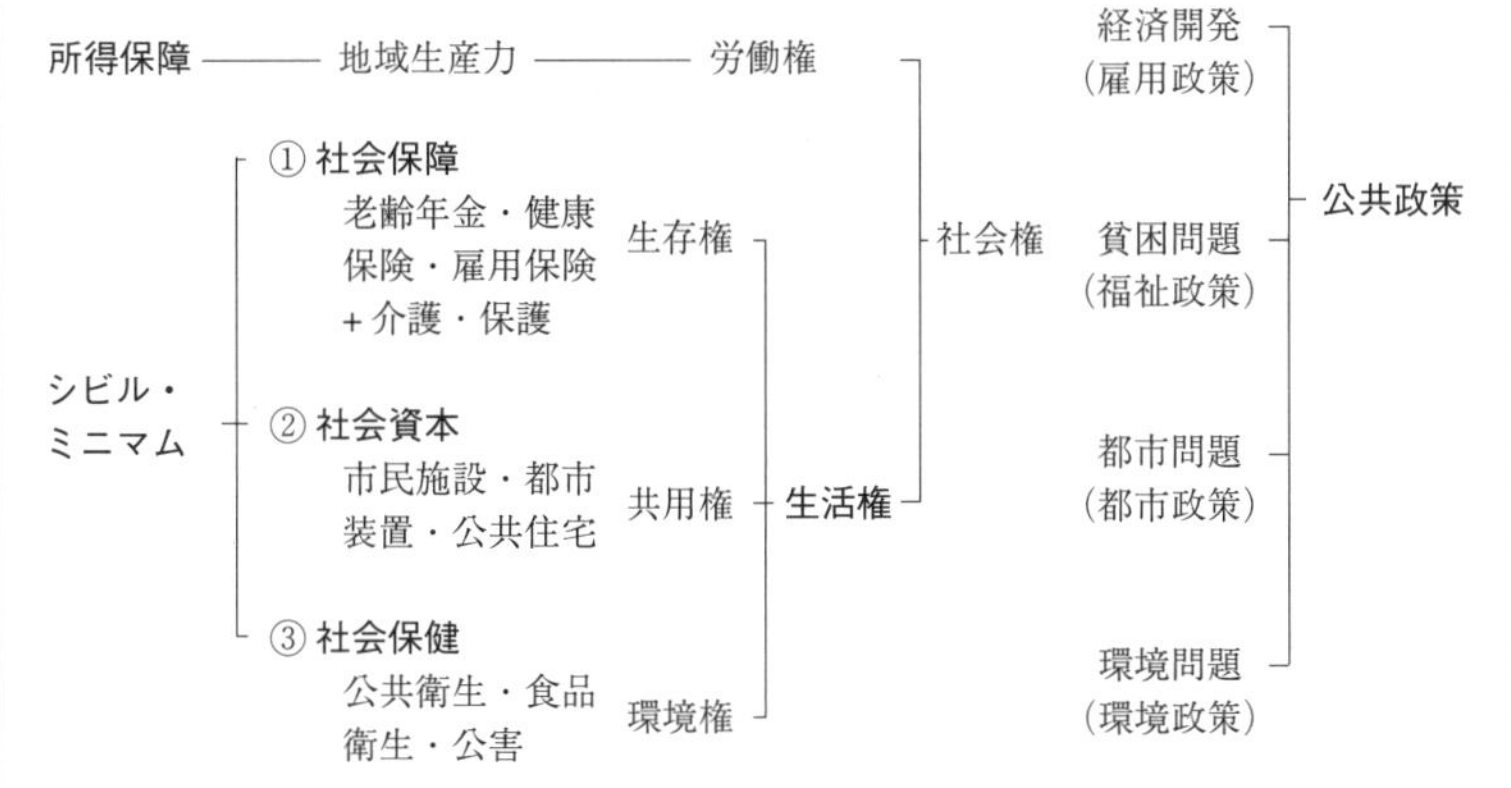

レバという考え方は、いわば農村型社会の考え方です。

　それゆえ、都市型社会では、この①②③をめぐる、社会の組織・制御、予測・調整をめぐって、社会工学としての《政策・制度》づくりが必要となります。図6の公共政策ついで政府政策の策定による、その制度化が必要なのです。この政策・制度の策定には、その公準としてのミニマム設定をめぐって、個別施策基準を指標化することが、技術必然となります。そのとき、その個別施策を実現する事業量つまり財源・期間も定量化しうることになります。ここから、市民のミニマム需要量を〈予測〉しながら、図6の市民ついで団体・企業、さらには各レベルの政府との間の分担、そのための政治としての〈調整〉が日程にのぼります。当然、そこでは、市民→市町村・県→国→国際機構という〈補完原理〉による社会の「組織・制御」となります。

　都市型社会では、このシビル・ミニマムの量充足・質整

図6　公共政策と政府政策

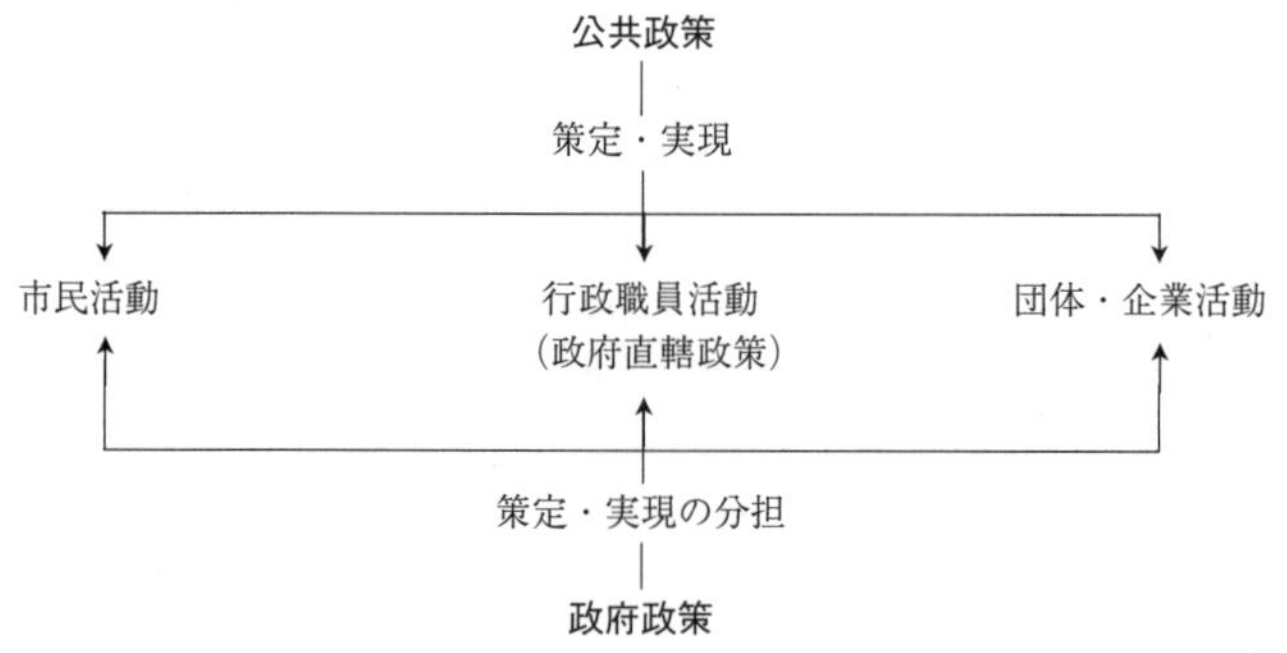

備をめぐって、管理→行政→政治という社会の組織・制御を課題とした、基礎行政(市町村)→補完行政(県)→基準行政+直轄事業(国)→国際基準策定(国際機構)という図7にみる補完型上昇循環が成立します。これが、共同体・身分からなる農村型社会と異なる、「社会工学」としての予測・調整、組織・制御という、都市型社会独自の政治・行政の特性となるのです。

都市型社会では、市民からの〈社会管理〉という課題がまずあって、それを解決するために、市民は〈税金〉をはらって市民の「代行」機構としての行政を《組織》し、この行政を市民が《制御》するために、「代表」機構の政府を〈選挙〉によって《組織》するとともに、この政府を市民が《制御》するという、二重の組織・制御をかたちづくります。この組織・制御の基本枠組が、図7にみる市町村・県、国、国際機構各政府レベ

図7　政府各レベルの特性・機構・課題

	[政府特性]	[機構特性]	[政府課題]
自治体	総合・直接性	長+部課	基礎自治体……基礎行政（自治体政策基準決定） 広域自治体……補完行政（自治体政策基準決定）
国	総合・複合性	長+省庁（事業部制）	基準行政（国の政策基準策定） 経済運営・国際戦略・直轄事業
国際機構	複合・抽象性	国際政治機構（国連） + 国際専門機構	国際調整（世界政策基準策定）

ルでの《基本法》の課題です。つまり、自治体では基本条例、国では憲法、国際機構では国連憲章として、それぞれの政府レベルで基本法が必要となります。

この都市型社会では、くりかえしますが、かつて農村型社会では共同体がになったのですが、**図5**の①社会保障、②社会資本、③社会保健のミニマムについての公共整備が、各政府レベルの政策・制度課題となります。これらのミニマムの公共整備についての政策・制度基準が「指数」としての「指標」です。

ここで、あらためて**図2**にでているかつての東京都のシビル・ミニマム計画を見てください。1970年前後の素朴なかたちをとった、量充足中心の考え方をみることができます。当時、日本は全体としてはいまだ中進国状況にある農村型社会で、シビル・ミニマムをめぐって、東京都ですらナイナイづくしだったため市民活動はモノトリ型になりました。国法もまだ農村型社会を原型としている時代錯誤のため市民活動はここではなんでもハンタイ型となったのです。これが市民活動が〈市民運動〉として当時激発する理由でした。

生活権＝シビル・ミニマムという、一九七〇年前後にまとまった私の考え方は、一九六九年まず東京都がはじめて自治体計画というかたちで試行し、やがて全国の革新自治体にひろがることはすでにみましたが、また国の省庁でも行政需要の予測手法として、この考え方を導入していきました。この言葉は国会や自治体議会で時折つかわれる市民常識となっています。また、この生活権という考え方は、一九七九年、さらに国際法制化して、『国際人権規約Ｉ』というかたちで世界普遍原理となります。

くわえて、このシビル・ミニマムの考え方は、「現代」都市政策の理論前提となり、前述のように、都市型社会の都市づくりないし自治体計画は、「シビル・ミニマムの空間システム化」として、構想されることになります。この構想を展開したのが、拙著『都市政策を考える』（岩波新書、一九七一年）です。ここから、自治体計画ないし都市計画は土木・建築を中心とする「国家高権」をかざす官僚主導の固い計画から、市民ついで自治体から出発する地域づくりの予測・調整ついで組織・制御の手法としての柔らかい計画に転換していきます。

このシビル・ミニマム設定の意義は、次に要約できます。

（1） シビル・ミニマムの設定によって、都市型社会の《基本人権》として、自由権とならぶ市民の生活権（図5）としての理論化ついで政策・制度化がはじめて可能になります。憲法25条の生活権の意義については、当時の日本の憲法学者も理解できず、これをたんなる宣言条項とみなしていました。今日では『国際人権規約Ｉ』はこれを現実との緊張をもつ地球規模での世界普遍原理としています。

（2） シビル・ミニマムは都市型社会の全般的な《政策公準》となるとともに、とくに自治体における個々の施策は指標性をもつ〈施策基準〉となり、その空間システム化としての《自治体計画》は政策課題を総合するだけでなく、政策課題を量質ともに算定できるようになります。

（3） シビル・ミニマムは、従来の市民のムシリ、政治・行政のバラマキの双方に、はじめて「指数」化された明示の《市民ルール》の導入ができるようになります。同時に、このシビル・ミニマムの設定は、都市型社会の政治・行政の位置と課題を明確にするため、自治体、国、国際機構という政府の三分化と、これにともない自治体から出発する政府課題についての「補完原理」を先取りすることになりました。

ここから、また、次のような論点がでてきます。

①個別の関連施策目標の指標値が設定されるため、政策課題を客観量としてとらえるとともに、市町村・県、国、国際機構、とくに後発国では国際援助もくわわりますが、この各政府レベルでの事業量ないし財源量をどのように「配分」するかをめぐって、数値による議論ができるようになります。ここでは、シビル・ミニマム、ナショナル・ミニマム、インターナショナル（グローバル）・ミニマムの相互緊張が設定されます。

②各レベルの政府内部では、資源ないし財源は限られているため、シビル・ミニマムの各施策

領域全体にわたって、指標値・達成率をふまえて、その優先順位をつける根拠を明示しうるようになります。

つまり、各政府レベル間、あるいは各政府内での施策・計画の実効性をめぐって、資源ないし財源の計画配分、ついでこれをめぐる合意を調達して、説明責任をはたすことができます。

とくに、国は省庁という事業部制なので実効ある長期・総合計画はつくれませんが、長期・総合という課題をもつ「自治体計画」の策定には、シビル・ミニマム設定は、今日でも基本手法となります。明示だけでなく伏線としてでもよいのですが、シビル・ミニマムの設定なき自治体計画は、惰性あるいは思いつきのスローガンをならべた、ムシリあるいはバラマキの戯画にすぎません。
③シビル・ミニマムの達成率をたえず情報公開するとともに、もし達成率が１００％かそれをこえて過剰になり、その量充足が終わった個別施策があれば、短期間に終わる上下水道が典型ですが、その政策再編・機構再編・職員再編をめぐってスクラップをおこなうというかたちで、たえざる行政改革の必要性を説明できます。
以上にみる、シビル・ミニマムについての問題設定は、今日では、常識となりました。ただ、留意いただきたいのは、指数化、これにともなう指標化という政策手法について、私自身も、これ

を「科学化」とかつては安易にのべていたことです。今はあまりつかいませんが、「社会科学」という言葉にみられましたように、当時は「科学」という言葉は、自然科学との類比で説得力をまだもっていました。

ただ、私は、シビル・ミニマムつまり指標としての個々の施策基準設定は、科学的決定ではなく、政治的決定だということをくりかえしのべています。老齢年金は円表示、建築の高度規制はｍ表示、特定物質の環境基準はｐｐｍ表示というかたちで、どうしても指数表示が必要となります。そのとき、科学は検証可能な実証研究によって、ＸからＹの間がその時代の科学水準からみて「適当」という《情報公開》はできます。けれども、ミニマムの最低基準をきびしくするか、甘くするかは、市民参加手続による合意をふまえた《政治決断》によると、たえずのべてきました。いわゆるテクノクラットないし官僚至上主義による科学決定主義には、私は反対でした。なぜ、複数政党制が必要かが、この選択の巾という意味で御理解いただけるでしょう。

くわえて、シビル・ミニマムの施策基準の設定については、各施策領域ごとに、財源・期限、政策手法の選択はもちろん、また地域特性、技術革新、さらには政治発想の変化によっても、たえず《政治》としての見直しが必要なことは、当然です。

この点では、ようやく、ひろく理解されるようになってきたのですが、このシビル・ミニマムの設定基準には、やがて当事者市民、関係団体・企業、担当官僚・職員、さらに関連政治家をふくめて、国、県、市町村を問わず政官業複合ができあがるため、その基準自体が既得権をつくることになります。それゆえ、この基準の見直しには、かならずいわゆる「抵抗派」がうまれてきます。二〇〇〇年前後、日本の市町村、県、国を問わず各政府レベルでのいわゆる「構造改革」をめぐる政治対立は、ここからおきています。個別施策についてのこの既得権をめぐる市民間の対立の調整、ついで政官業複合のたえざる再編こそが、多元・重層型に利害・価値が交錯する都市型社会の政治課題となるのです。だが、そのとき、この改革についての合意ないし説得をめざして、またシビル・ミニマムの再設定が施策基準改革について、やはりその基本となります。さしあたり、医療費自己負担率、建築建ぺい率、自動車排ガス基準の改定問題を想起ください。

30年前のシビル・ミニマム設定以来の論点を以上のように整理しますと、今日のベンチマーク方式やマニフェスト方式は、シビル・ミニマム理論が指数・指標設定によってめざした問題展望の系譜で説明できることが、御理解いただけると思います。

ただし、《一覧性》を重視するベンチマーク方式や、《重点性》を中心とするマニフェスト方式は、それぞれ、前述した政府間、政府内での財源配分をふくめた個別政策相互の市民型整合性という問題設定を欠落させてはならないことに、あらためて注目しておきたいと思います。つまり、一見、この二方式は政策の科学性あるいは実証性・分析性の「進歩」のようにみえますが、指標値設定の前提として、自治体では長期・総合計画の策定、国では改革戦略の明示を欠くとき、その指標化も、思いつきあるいはツマミグイとなるからです。

事実、二〇〇〇年前後では、ムダづかいをした自治体をのぞいて、ほぼシビル・ミニマムの量充足が終っただけでなく、さらに行政全体の水膨れ体質があらためて問題となっています。それゆえ、個別施策全般の見直しが急務となっています。だが、スクラップ・アンド・ビルドについてのスクラップの緊急性が、ベンチマーク方式、マニフェスト方式いずれでも、もし軽視されているとすれば、今日的意義を失うことになります。ここに留意ください。

二〇〇〇年代では、かつての高成長期ついでバブル期に行政がムダをふくめて水膨れしたため、このムダな施策過剰の削除こそが課題となります。くわえて、自治体、国ともにすでに財政破綻となっています。とすれば、ミニマム以上の過剰施策のスクラップの提示がまず基本となるべきなのです。ここからさらに政策・機構・人員の再編が連動してきます。これができないとき、ベンチマーク方式、マニフェスト方式いずれも、官僚的膨張主義、いわゆる理論家たちのいうインクレメンタリズムという保守心理におちいっていくことを、強調したいと思います。

このため、情報公開が、個別施策へのたんなる財源配分にとどまらず、さらに一歩すすめて施策原価、事業採算、さらに政府財政全体の実態をしめす連結財務諸表までふくめて、日常として公開されていないかぎり、国ないし各自治体のベンチマーク方式、マニフェスト方式いづれも、それだけでは絵空事となっていくという論点がでてきます。とくに、この日常の情報公開がなければ、よく指摘されるように、マニフェストは政府契約といっても、自治体、国ともに、現職候補ないし与党にくらべて、対立候補ないし野党は、マニフェストをつくる情報を圧倒的にもたないことになります。としますと、ベンチマーク方式、マニフェスト方式いづれにせよ、政治・行政の深部までの指数による情報公開が日頃おこなわれているかが、その基本論点となります。

Ⅳ　シビル・ミニマム論の再編

政策の策定・実現をめぐっては、言葉の魔術あるいはレトリックでごまかせるイデオロギーないし教条が終った今日、個別施策の目標の指数化、つまり「指標化」は不可欠となっています。まず、個別施策についての指標作成は、その特定領域ごとの専門、ある場合は専門バカともなるのですが、その考え方を背景として成立していることに、あらためて注目したいと思います。指数さらに指標はたんなる数字ではなく、特定の考え方によって構築された数字です。

基本論点は、先進国状況への飛躍に挫折して、いまだ中進国状況にとどまっている日本でも、二〇〇〇年前後の今日では、シビル・ミニマムの量充足は、農村地区の下水処理の一部、大都市地区での老人施設の一部、さらに都市・農村を問わず危機管理問題をのぞけば、ほぼ終ってきたという認識ないし確認が必要となります。でなければ、とくに行政職員の心理としては、堤防の永遠のカサアゲと同じく、いつまでも量拡大の追求になります。それも生命、財産をまもるため、あるいはシビル・ミニマムの名でおこなわれがちです。だが、くりかえしますが、指数作成にあたっては、量の時代の終り、質の時代への突入をたえず、市民、官僚・職員、ついで政治家も確認する必要があります。とくにミニマム以上の過剰施策のムダの切開手術が、前節でみたように、二〇〇〇年代の緊急課題なのです。

この点について、今日の転型期のデフレ構造不況で、失業者が5％以上に及んでいるからムダな過剰施策でもつづけるべきではないかという批判がでてくるでしょう。事実、各政府レベルの政官業複合は財政破綻の今日もこのムダをつづけています。しかし、地域雇用拡大と行政のムダとは別問題です。とくに、市町村ではこの失業問題は住宅問題とおなじく、市町村が直接の責任をもつべき課題領域ではないことも、また確認すべきです。

日本全体の失業問題は、国の経済政策の失敗からきています。自治体は緊急対応では特定施策によっては責任をもち、協力するとしても、一国の経済運営は国レベルの政府責任という確認が不可欠です。住宅問題についても、私はとくに市町村は責任をもちえないとかねがねのべてきました。たしかに国からの補助金もありますが、かつてのバラックならともかく、今日一戸あたり数千万円の負担では市町村ではムリです。それゆえ、人口配置への国土計画的戦略とあいまって住宅問題は県ないし国の政府責任となります。なお、市町村でも、人口拡大をのぞむなら、政策選択として、公営住宅方式よりも、家賃補助制度はあってよいと思います。

としますと、シビル・ミニマムという政策公準をめぐって、まず、〔第一〕は、その個別・具体の施策開発にあたって、市町村・県、国、あるいは基準策定では国際機構をふくめて、各政府レベルそれぞれの《政府課題》(図7)の独自性、ついで分担関係を明確にすることが不可欠となります。生活権ないし政策公準としてのシビル・ミニマムは、個別の施策基準としては市町村基準・県基準、国基準、国際基準へと分化し、相互に緊張します。そのとき、指数値は、その個別・具体の施策が市町村・県、国、国際機構のいづれかの政府課題となっている施策領域では、その政府レベルが直接責任をもってとりくむべき「課題指数」となり、ここから後述の過剰施策の削除をふくめた政策指標の作成となります。そのレベルの政府課題になっていないときは、全般的状況を知るための「情報指数」にとどまります。

東京都によるベンチマーク方式の模索は指数・指標問題をあいまいにしてしまいましたが、都の直轄課題でないかぎり、「情報指数」にとどまり、都の「課題指数」とはならないという確認が重要です。この情報指数と課題指数との区別をつけたうえで、政府課題をめぐっては、広域自治体の県は、基礎自治体たる市町村への介入となる一般・小型政策は止め、大型・専門施策という県個有の課題領域にみずからの課題を特化するとともに、国の課題領域についてはその改革責任を国に問うべきです。

この各政府レベルでの課題分担の不明確性という論点は、前述した一九七〇年前後に東京都がつくって画期となる、シビル・ミニマム計画が自然消滅した理由でもあったのです。都レベルで指標値をつくっても、とくに23区では都区制のため、当時都は特別区については市の位置にありましたから、23区間それぞれの達成率の格差を公表すると、この行政格差は都の責任となります。ここから、都区制の根幹をなす都区財政調整制度の再編に火がつくため、他方当時のいわゆる「三多摩格差」もあって、各区ごとのシビル・ミニマム達成率の作成・公開はウヤムヤになりました。ベンチマーク方式へのとりくみをめぐって、都はこの歴史をふりかえるべきでしょう。

市町村・県、国それぞれの権限が明確でないかぎり、課題指数ついで目標指数としての責任ある政策指標はつくれません。あるいは、市町村・県、国という各政府レベル相互に権限再編をうながすという緊張もでてきません。この各政府レベル独自の課題・責任は、各政府レベル間でたえず問いなおしていくべき基本です。でなければ二〇〇〇年分権改革以前のような相互無責任にとどまります。

一九八〇年代以降、国内市場拡大あるいは景気対策のためと称して、国は自治体財源を安易に動員しましたが、市民への情報公開もせず、自治体計画をオザナリにして国の政策に無批判に「協力」つまり「便乗」した自治体ほどムダづかいをし、今日では財政危機におちいっています。この事態は、官治・集権型発想によって、各レベルの政府責任が明確でなかった結果です。この意味で、政策指標設定については、市民から出発して各政府レベルが独自責任をとる自治・分権型発想が基本となります。

とくに、この点で次の問題点を理解すべきでしょう。今日、市町村は急務の産廃やダイオキシンについて、そのシビル・ミニマムとしての基準を策定・実現する直接の規制権限をもっておりません。他方、この領域では国の法制はザル法で、権限をもつ県はこれまで無能・無責任というのが実態でした。ここから、シビル・ミニマム基準の実効性には、まず基本として市町村から出発し、県、国との権限の整理、つまり「補完原理」にもとづく緊急再編があらためて不可欠ということが、御理解いただけると思います。この市町村起点は、危機管理をめぐる市民保護についてとくに強調しておきます。どうして、現場から遠い、土地カンもない県や省庁の職員、官僚が市民保護の具体策をだせるのでしょうか（拙著『都市型社会と防衛論争』二〇〇二年、公人の友社参照）。

〔第二〕は、個別政策基準についての量不足だけでなく、《量過剰》というムダをも指数化して、

「減量」を大胆にうちだすべきだという論点です。少子高齢段階への移行にともなって、自治体による政策開発がおくれているためとくに人口減がすすむ地域では、保育園、幼稚園、学校は余ります。しかし、高齢者施設は足りません。また、雑多な国の省庁補助金による児童館、青年館、女性館、老人館などの世代・階層別ハコモノも、生活時間のあり方が世代・階層別で異なるため、使われていない時間がそれぞれ多く、非効率な運用となっています。また教育機関という公民館も、社会教育は終焉したのですから、貸部屋型で市民運営・管理の地域センターにすればよいではありませんか。

全体として、自治体ではほぼハコモノ過剰ですから、各自治体は「市民施設のネットワーク」の再編をおしすすめるべきです。それに、人件費をふくめてランニングコストのたかい新施設をつくるカネのゆとりもすでにありません。そのため、後述しますが、省庁縦割行政を強化しているだけの『補助金等適正化法』の廃止ないし抜本改革が不可欠です。この点は、福祉、環境など、ほかの個別施策の再編についてもいえます。とすれば、二〇〇〇年代のシビル・ミニマムの問いなおしは、量過剰をめぐって、スクラップ中心という主題をもちます。

［第三］には、のちに「地域文化戦略」の構築というかたちでのべますが、日本の街をみれば、電柱の林立、広告の氾濫、錆のでている道路フェンスなど、低劣な国基準の強制もあったため、

国の行政水準をふくめて自治体の行政水準もいまだに中進国水準というべきでしょう。むしろ、文化水準の低い行政、いいなおせば庁内慣行にしばられて文化水準が低くなった官僚・職員からなる行政が街の景観を低劣にしており、市民、長・議員、それに職員もこの水準でよい、あるいはこれがアタリマエと思いこんでいるわけです。つまり、シビル・ミニマムについては、今日ではまず《質整備》という発想が基調となるべきです。それゆえ、施策量のマキシマムにむけての無限拡大ではなく、ミニマム基準をふまえた個別施策の文化水準の見直しこそが問われます。

以上の三点は、自治体の個別・具体の施策の量と質をめぐって、自治体全体の政策水準の再編につながっています。

なお、指数ないし指標をめぐっては二点をつけくわえます。

(1) 適正配置。指数では、量の不足・過剰を設定できますが、とくに市民施設については地域空間における適正配置が問題となります。ある自治体では数がたりているとしても、その後の人口変動もあって、地域ごとにその施設の過密・過疎がうまれます。このため、たえず、空間配置をめぐる適正配置をめざすべきです。これには、一九七〇年代から武蔵野市がつくっているような地域の空間構造をしめす「指標地図」の作製も不可欠となります。今日この指標地図は、テクノロジーの発達によって作成しやすくなっています。集会施設の配置模型としては**図8**をみてく

図８　基礎自治体の集会施設配置模型図

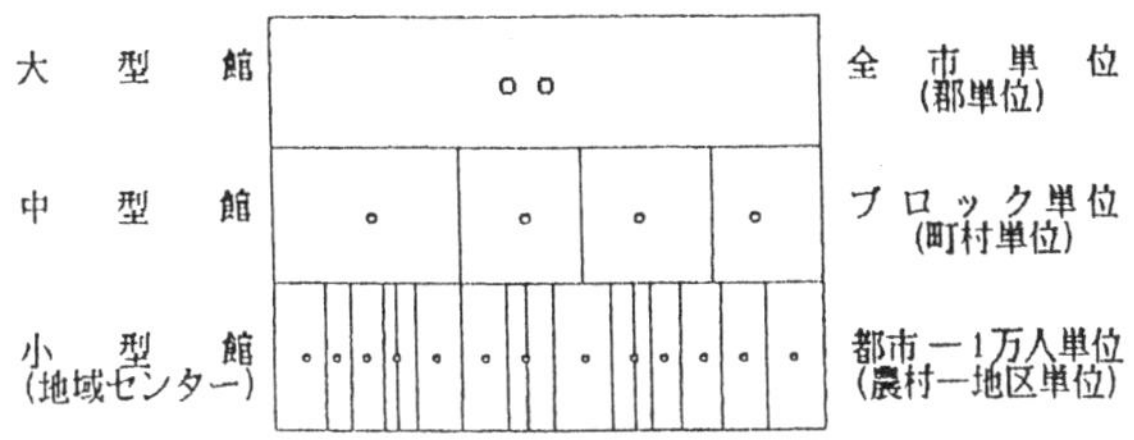

ださい。危機管理用の防災地図もこうした手法による再検討が必要です。

（2）比較指標。「わが」自治体の政策水準については、職員数の人口比である、職員一人あたり人口何名もふくめて、たえず「近隣」とか「同型」の自治体との比較が重要となります。すでに政令市間ではたえずこれをおこなっているため、政令市相互の各施策についての行政水準格差ははっきりわかります。政策指標値には人間の生存条件にかかわる選択性の少ない「厳格値」、これとは別の地域個性をもつ生活文化に対応する「相対値」との双方がありますが、相対値では自治体間比較によって、「わが」自治体の個別施策の過剰・不足を具体的に指数化して市民に公開し、過剰ないしムダをたえず抑止する必要があります。

ほぼ、シビル・ミニマムの量充足が終った今日、日本の絶対人口減もあって、自治体によってはこの政策指標値が高いことは、やがてはミニマム以上の量過剰によるムダとなることを意味しています。これまでは量不足が問題だったのですが、量過剰へと状況はすでに一変しています。私がたえず、スクラップを問題にするのは、財源縮少からだけではなく、人口縮少からもきます。

とくに、今日の市町村合併をめぐっては、20年後、30年後の人口予測をおこなわないかぎり、合併優遇のための巨額の交付税措置はムダづかいに終り、将来、人口は減少してランニング・コストという財政負担の増加になります。総務省による無責任な巨額の合併促進措置の結果は、合併自治体の今後の財政・財務を圧迫するだけでなく、廃墟を築いたことになるわけです。

前述のようにすでに、一九八〇年代、私はシビル・ミニマムの無限拡大となりがちの量充足をめぐって、質整備への早急な転換を提起してきました。この質整備への転換については、日本の行政水準は中進国水準だということに気づいて、その実状を批判・改革する問題意識をもたないほど、日本の市民、政治家、さらに自治体職員、それに国の官僚そのものの文化水準が低いため、とくに《行政の文化化》さらに各地域独自の《自治体文化戦略》の構築が不可欠と強調してきました。いわば、日本全体としての《市民文化》の成熟という視点から、国、自治体の政治・行政水準を問いなおしたわけです。

この論点をマクロにみますと、都市型社会への移行にふさわしい市町村、県、国の政策の質整備をおしすすめえずに、官僚規制の肥大のまま、今日、「行政の劣化」「財政の破綻」さらに「経済の老化」をひきおこすことになったというべきでしょう。ついには、市民文化が推力となる先進国状況への移行に挫折して、中進国型行政水準のまま、「第二の敗戦」ともいわれる「日本沈没」という事態を二〇〇〇年前後にひきおこしてしまいました。

明治以来の官治・集権のため、そのトリックとしての「機関委任事務」方式によって、〈行政〉とは「国法の執行」であるというかたちで、自治体職員、長・議員は飼いならされて、都市型社会にふさわしい自治・分権型の政策・制度開発には未熟にとどまり、国依存を今日もつづけがちです。そこにあるのは、官治・集権「行政」で、自治体では明治以来、本来の《政治》の消失がつづきました。

もちろん、一九六〇年代からはじまる市民活動、自治体改革は、《政治》として官治・集権型の国法構造の再編につとめました。だが、明治以来制度化された官僚法学・講壇法学によって武装する官治・集権型の考え方から自治・分権型への転換は容易ではありません。かつて拙著『市民自治の憲法理論』(一九七五年、岩波新書)を書いた一九七〇年代にはいって、ようやく国法の官治・集権構造全体の見直しという視角が成立しはじめ、ついでほぼ一九八〇年代からは先駆自治体が情報公開や行政手続などの手法を、国にさきがけて開発しながら始動させることになり、ようやく二〇〇〇年の分権改革にいたります。

しかし、二〇〇〇年改革後の現在、省庁レベルにも情報公開・市民参加また行政手続・政策評価の手法がはいりはじめたとはいえ、なお、国法の実態はその官治・集権構造からくるのですが、いまだ①「全国画一」を強制するための低水準、②「省庁縦割」のバラバラ、さらには③先オクリによる「時代錯誤」というミジメサです。

自治体、国を問わず、職員、官僚の市民型文化水準の上昇なくして、行政水準の飛躍はありません。①社会保障では、年金・保険の給付の再編だけでなく、地域特性をいかした子ども福祉や介護制度の開発など、②社会資本では、たんなる道路舗装率ではなく、都市景観をめぐる道路のデザインや緑化あるいは排ガス規制など、③社会保健では、薬害、食害、公害の制御はもちろん、エコロジカルな意味をになう環境づくりなど、これらこそがシビル・ミニマムの質整備段階の今日、地域・国・地球の共通課題として問われているわけです。

このシビル・ミニマムの質整備では、「国法の執行」としての行政は終り、福祉再生、景観再生、環境再生というかたちでの、「世界共通文化」をふまえた市民主導による「地域個性文化」の造出となるではありませんか。分権化・国際化が、今日、国家観念をこえて構造必然となった理由です。地域個性文化についての最近の私の考え方をまとめたのに、「市民文化の座標軸と自治体文化戦略」(『第9回全国文化のみえるまちづくり政策研究フォーラム報告書』、二〇〇三年、吹田市文化のまちづくり室）があります。

以上の展望で、市町村、県を問わず、Ⅰ行政の文化化、Ⅱ自治体文化戦略の構築という新課題に直接とりくむために、国際室とならんで文化室の設置もすすんでいきます。この文化室をめぐる私の問題構成は、教育委員会から生涯学習・社会教育行政を廃止し、首長部局での文化室の新設というかたちをとってきました。今日では、すでに、生涯学習・社会教育行政は衰退して形骸化してしまいます。この点については、一九八六年刊の『社会教育の終焉』新版二〇〇三年の付記（公人の友社）を参照ください。この文化行政の新構成をめぐって、ようやく、分権化・国際化をふまえた、自治体文化戦略が自立できることになります。

とくに、シビル・ミニマムの「質整備」には、《地域個性文化》の造出をめざした自治体文化戦略の構築が、自治体計画の中枢をかたちづくる必要があります（図7参照）。そこには、行政を「国法の執行」とみなした官治・集権行政が知らなかった、しかも自治・分権がはじめて可能とする地域の歴史、エコロジー、デザインを基本とした、地域個性をいかす考え方となります。

この自治体文化戦略にもとづく美しい景観づくりをふくめた政策・制度開発こそが、今日では、地域雇用力の拡大、地域生産力の拡充となることを理解する必要があります。日本では、名勝旧跡あるいは温泉どまりとなり、外国人観光客が活発となる都市観光あるいは農村観光が地域づくりの文化水準の低さゆえにそだたなかったことを、今一度考えたいと思います。温泉につかって「日本人に生まれてよかったね」では、先進国型市民文化をつくれない中進国型の自己満足にすぎません。

ここでの強調点は、政策の目標値ないし指数化をめぐって、数字をめぐる量充足つまり達成率の段階は日本も終り、シビル・ミニマムの質整備の段階にはいったため、政策ついでひろく地域づくりの文化水準こそを問うことにあります。しかも、地域個性文化をかたちづくる情報ないし政策・制度づくりについては、経験豊かな古老、郷土史家、郷土動植物研究家、造園業者、民芸職人、中小業主、商店街リーダー、農業パイオニアあるいは都市プランナーから建築家をふくめた多くの人びと、それに若き活動家の男女をとわず市民個人としての参加が不可欠ですから、政策指数の数字はたんなる量基準でなく、地域個性文化の質ないし水準を背景にもつことになります。明治国家の系譜にたつ官治・集権から市民活動を土台とする自治・分権への転換は、こうした政治・行政ついで文化・理論の再編という課題の再確認となります。

V　政策の考え方と指数

これまでも、くりかえしのべましたが、Ⅰ都市型社会への移行、Ⅱ少子高齢段階への突入、これに対応できない既成政官業によって「沈没」状況になった日本の政治・行政の官治・集権体質をめぐって、その構造改革、すなわち自治・分権構造への転換が、急務となっています。のみならず、明治以来の国家の偉大への幻想が今日もつづいているのですが、政治・行政は限界をもつ、つまり全能ではなく有限さらに可謬だという自覚が不可欠となっています。

日本でも、戦前からつづく国家は全能という後進国型神話、ついで戦後の経済成長の無限という中進国型幻想は終ったのです。市町村、県、国の政府機構は、それぞれ市民の納税・選挙による〈信託〉のうえになりたっているにすぎません。もはや、神のごとき絶対・無謬・包括とみなされてきた後・中進国型の国家観念はその基盤を失っています。ことに二〇〇〇年代ともなれば、政治の未熟、行政の劣化、ついで経済の老化、財政の破綻こそが、とくに官治・集権型の官僚法学、講壇法学の時代錯誤性とともに問われています。

私がシビル・ミニマムというかたちで政策公準を設定したのは、まず、ミニマムのみというかたちで、政治・行政の限界を指摘するためでした。かつて、高成長期にミニマムをめぐる私への批判として、シビル・オプティマム、それにシビル・マキシマムという考え方がだされましたが、今日の日本の経済老化、財政破綻を前に、ようやくミニマムの意義が理解されうるようになります。しかも、制度設計・運営の失敗による破綻がすすみつつあるとはいえ、日本なりのこのミニマムの公共保障があるからこそ、二〇〇〇年前後の経済転型期の危機のなかで、日本は今日のところパニックにおちいらずにすんでいるわけです。

このシビル・ミニマムの施策基準としての指標値についても、次のようなリアリスティックな論点が浮びあがります。

Ⅰ　政策再編。ムダ、老化、重複となっている個別施策のスクラップを起点に、①高齢少子化ついでデフレが加速する社会保障の各制度破綻をはじめとして、今後の制度再編のための「予測再編」が急務ではないか、②高速道路、新幹線、空港、ダム、団地造成などの大型公共事業はミニマムをこえる過剰計画だったとすれば縦割省庁の「計画の見直し」が急務ではないか、③経済の景気変動にかかわらず、生命にかかわる食害また薬害、公害の規制などは負担が厳しくてもミニマムの「基準の厳正化」が不可欠ではないか、という問です。このミニマムを《制御原理》とした政策再編が、市町村、県、国の政策・機構・職員の再編をふくめて問われています。

Ⅱ　財源再編。二〇〇〇年前後、日本の経済・財政をめぐり、(1)先進国への移行をめぐる成長率の長期低下、(2)少子高齢段階における人口の絶対減、による国、自治体財源の縮少、(a)過剰投資ついで景気対策にともなう国、自治体の膨大な借金、(b)国、自治体の職員機構における中進国型身分性・閉鎖性による退職金危機、(x)市民施設・都市装置の一斉劣化による改修・改築のための積立増の不可避性によって、すでに自治体財源は構造的に緊迫しています。今日の財政緊迫は短期の景気問題ではありません。ここからも、国の省庁による自治体への必置規制の廃止・改革とあいまって、経済の活性化のみならず、行政再編をうながす、スクラップ・アンド・ビルド方式による政策・機構・職員の再編が不可欠となっています。

これまで想定されていなかったのですが、各自治体の個別責任で、すでにきびしく職員の減員、減給、それに配転、勧奨退職もはじまっているではありませんか。それに行政劣化の急進のため、早急な各種専門職員の途中採用が急務となっています。

また、デフレ期あるいはインフレ期とでは、それぞれ積算単価の意味が変わりますので、これには政官業複合からなる談合をめぐって入札改革が緊急となっています。とくにこの入札改革には、市町村、県にもある政官業複合による既得権のたえざる公開による破壊が不可欠です。このとりくみには、国についてと同じく、自治体でも政府交替が基本となります。

それゆえ、このⅠ政策再編、Ⅱ財源再編は、《政策評価》によるスクラップ・アンド・ビルドの中枢論点を構成することになります。さらに、このシビル・ミニマム基準の量・質両面における公共整備にたいして、政策目的は「よい」のだから政策評価は「甘く」てもよいことにはなりません。ここでは、さらに新行政技術の開発・導入だけでなく、法務・財務への熟達も要請されます。

最後に、Ⅲ　発想の再編があります。シビル・ミニマムについて、ここで、次の考え方を再確認する必要があります。

（1）個人が自立して解決できる領域は個人自治

（2）個人で解決できず、個人相互による公共解決が必要な領域はシビル・ミニマムの公共整備

（3）シビル・ミニマム以上は選択の個人自由

としますと、公共課題ないし政府課題は、（2）のミニマムとしての「必要最低水準」に限定さ

れることになります。ただし、《最低》というミニマムは「貧しさ」を意味しません。このミニマムが「豊かさ」に転化するには、シビル・ミニマムの質整備をつねに提起して、前述したような政策・制度の文化水準をたえず問いなおすことが、不可欠となります。

そのうえ、ナマケモノの市民が多いところでは、（1）と（3）の意義が忘れられ、（2）のシビル・ミニマムをめぐって、そのコストの市民負担が加重することになります。市民参加と行政拡大とは反比例の関係です。市民行政の拡大は職員行政の縮少となります。

以上をふまえて、日本の二〇〇〇年代では、シビル・ミニマムの指数構成をめぐって、さらに次が問題となります。

第一、量充足指数から質整備指数へ。

質整備指数の構成は、**図1**にみたような量充足指数よりその設計がむつかしくなります。そこでは、前節でもみましたが、個別施策の質つまり文化水準についての指数化が問われ、しかも政策の選択肢も多様となるため、指数構成の手法設計が複雑になります。

例でみますと、①社会保障では、老人介護の施策メニューの複雑さ、さらにはその原価算定の難しさ、②社会資本では、道路でみるとき、緑化率、電柱撤去率さらには混雑率、排ガス率など、③社会保健でも、目にみえない土壌、水質、大気の汚染あるいは薬害・食害、ついで地球気象の変化などを想起してください。量段階の点・線型の政策指数から飛躍して、質段階では面・立体型に構成されうる政策指数が指標値として求められます。ここで、点とはたとえばハコモノ、線とはたとえば道路、堤防などですが、面、立体については地域生活構造また環境・景観までふくめ指数化が今日では試みられています。

第二、膨張主義から改革主義へ。

個別施策については、量充足の今日、量過剰施策についての削減ないし転換が不可欠となるのは当然です。それゆえ、量過剰施策の縮少については、これに寄生している政官業複合のたえざる抵抗の破壊ないし調整が不可欠となります。つまり中進国型経済成長を前提とする行政の膨張主義は終り、政策・財源・発想の再編という改革主義がたえず問われる先進国型への転型期に日本がはいったのです。

シビル・ミニマムの公共整備のための「よい」政策でも「悪い」既得権をつくる、と私はたえずのべていますが、たとえば、健康保険制度を想起してください。その既得権のたえざる再編こそが、「予測・調整」「組織・制御」としての政治、ことに選挙による政治家・政府の交替の課題です。そこでは、既得権をもつ当事者市民、関連団体・企業、関係政治家、さらにその担当部課職員の利害が、既成個別施策にまつわりついています。この構造をたえず工夫して指数化し、情報公開によって破壊ないし再編することが、量の調整、ついで質の整備について求められます。そのうえ、既得権を新設していく量充足段階よりも、既得権を破壊しながらとりくむ質整備段階での政策開発は、格段にかつ決定的にむつかしくなります。白地の新開地の新開発と、権利関係が複雑な旧市街の再開発との、むつかしさの対比がこれです。ここが、行政水準の改革が不可欠となり、自治体の転型期といわれる理由です。

しかも、シビル・ミニマムをめぐっては、今日わずかにのこる特定の未達成施策については、この未達成率の少なさを明示し、その充足についての必要な期間と財源は「あとわずかだ」と、指数化して目にみえるかたちで公開すべきです。そのとき、市民はせいせいするでしょう。そこではじめて市民のモノトリ要求は終ります。職員は将来の減員ないし配転の危機感をもつとしても、この減員ないし配転は、もう職員は中進国型の「閉鎖身分」でなくなるのですから、市民主権から出発する、市民の代行機構である行政機構の宿命です。

これまで、過剰率・不足率をふくめて、このシビル・ミニマムの量充足の終りを明示しておりません。このため、市民、長・議員、それに職員はいつまでもナイナイづくし時代の飢餓感から解放されず、無限渇望におちいってムシリ・バラマキをつづけ、行政は膨張主義をつづけてきました。それゆえ、今日よくいわれる「満足度」ではなく、やはり市民合意によるシビル・ミニマムとしての「最低必要度」こそを客観基準として設定し、これをふまえて心理次元での「飢餓度」「飽和度」こそを考えていくべきでしょう。

第三。借金主義から積立主義へ。

ふりかえりますと一九五〇、六〇年代は、カネ不足もあって自治体は借金つまり起債は悪と考えていました。しかし、高成長にともなうインフレとくに地価高騰のため、土地開発公社方式の「発明」がおこなわれる頃から考え方が変わり、借金は経済成長を見込んだ先行投資つまり善となってきます。とくに一九八〇年代は内需拡大ついで一九九〇年代は景気対策に自治体を動員するため、自治省は借金による単独事業をあおるだけでなく、交付税措置というかたちで、交付税を自治省のバラマキ補助金化し、自治体を赤字漬けにします。しかも、自治省保障による財政投融資までつかった『地方財政計画』も制度改革によって変質するため、今後は各自治体の財務実態についてのいわゆる「格づけ」も始まり、格付けの低い自治体は起債もできなくなります。

とすれば、自治体の財務規律確立のために、そのうえ今日の水膨れ財務体質の改革をめざして、借金主義から積立主義への転換が緊急となったといってよいでしょう。不必要で売れない土地をかかえこみ、利子がたえず増えていった土地開発公社、さらに出資者が去り、とりのこされて債務保障が実質のしかかる第三セクターなどの惨状を想起してください。

以上の三問題にとりくむには、各自治体での政策法務・政策財務への習熟を基本とした政策開発の活性化が要請されます。すでにシビル・ミニマムの量充足はほぼ終るとともに、［1］市民課題、［2］政策発想、［3］政策技術も急速に変わりつつあります。シビル・ミニマムの質整備をめぐって、各自治体全域における従来の個別施策の全面再編が日程にのぼっているのです。明治国家の培養基となった「学校」の再編もはじまっているではありませんか。

とくに、多様でありうる政策選択肢については法務・財務技術の習熟が欠かせません。この法務・財務という課題は二〇〇〇年分権改革以前には、先駆自治体をのぞいて、機関委任事務方式つまり通達・補助金に依存していた日本の自治体では、考えもしなかった新課題領域です。従来、自治体の法務・財務は、理論としては時代錯誤で、低い政策水準の旧自治省・総務省に依存しきってきました。自治省は戦後も50年、財務・会計方式の全面改革にもとりくんでこなかったばかりか、すでにみたように自治体赤字の拡大を誘発してきたのです。自治省出身の多くの知事の実績も、「論語読みの論語知らず」というのがその実態です。それゆえ、二〇〇〇年分権改革をへて、市町村、県を問わず、自治体は法務・財務にみずから責任をもつ自治体「政府」に飛躍せざるをえません。

この法務・財務の論点は、当然、「市町村合併」では解決しません。合併が空間構造からみて必然性をもつ自治体でも、各自治体は連結財務諸表の作成をはじめ財務指数の作成・公開、さらに法務にかかわる合併自治体間の制度調整についても、その論点の整理・公開が不可欠です。しかし、この法務・財務にかかわる情報公開にフタをするため、さらに問題の先オクリのため、合併協議は空廻りします。

もちろん、自治体・国間のタテの財源再配分という「財政改革」は二〇〇〇年分権改革からみて不可欠ですが、残念ながら今日も県全体と市町村全体との配分比率、ついで県レベルでも大都市県・農村県、あるいは市町村レベルでも大都市・近郊市・独立市・町村との間のヨコの財源再配分をどうするかについては、考えられておりません。とくに地方交付税交付金の配分権については、総務省から自治体代表機構への移管が基本となります。これらの点は、一九九六年、拙著『日本の自治・分権』（岩波新書）で提起しました。総務省、財務省、また財政学者、行政学者をはじめ、このヨコの自治体間再配分をめぐっては、いまだ指数整理による理論蓄積もありません。

政策評価論さらにＮＰＭ論についても、その指数問題の欠落を最初にみましたが、ことに個別施策の原価計算、事業採算から各自治体の連結財務諸表からくる財務指数がなければ、いづれも立論そのものが役立たないことを考えるべきです。また、くりかえしのべましたがベンチマーク方式、マニフエスト方式でも当然、指数問題へのとりくみが必要です。

ここで、今一度留意したいのは、質整備段階の政策開発の特性は、自治体みずから政策指数を作成・公開し、自治体レベルでこそ政策選択の巾の拡大、質の飛躍をみることにあります。後・中発国段階では量充足が急がれますから官治・集権型の拙速主義となり、とくに日本では国基準の適用というモグラタタキ手法が、「機関委任事務」方式というかたちでつづきました。だが、今日の質整備段階では、国基準の①全国画一、②省庁縦割、③時代錯誤という構造欠陥にたいして、市町村、県それぞれがその課題領域で、①地域特性、②地域総合、③地域試行をめざして、自治・分権型の政策・制度開発にとりくむことになります。これが機関委任事務方式を廃止した二〇〇〇年分権改革の意義です。

このためには、省庁縦割規制を強化してきた補助金の縮少は急務ですが、とくに自治体でのスクラップ・アンド・ビルドを不可能と信じこませてきた『補助金等適正化法』の廃止あるいは全面改正が、すでにふれましたが不可欠だと強調しておきます。すでに、空き教室の福祉施設への転用では、この適正化法を適用せず主務大臣への届出だけではありませんか。それに大型プロジェクトの途中廃止でも、奈良県での西大寺再開発中止に適用されていますが、手続が適正であれば国への補助金返還も閣議決定で制度としてなくなっています。

そのうえ、一九六〇年代から一挙につくられた鉄とセメントの市民施設、都市装置はまた一斉

図9　自治体計画モデル

［Ⅰ］**計画の中枢課題**
（3ないし7の柱を明示）
［Ⅱ］**計画の策定手続**
［Ⅲ］**計画の原則**
［Ⅳ］**市民自治システム**
(1) 市民参加制度の形成
(2) 情報の整理・公開
(3) 地域社会（コミュニティ）の構成
［Ⅴ］**自治体機構・経営の改編**
［Ⅵ］**計画の戦略展開**
(1) ネットワーク計画
1　緑・環境のネットワーク（＊）
2　福祉・保健・医療のネットワーク（＊）
3　市民施設のネットワーク（＊）
4　地域生産力のネットワーク（＊）
5　情報・交通のネットワーク（＊）
(2) プロジェクト計画
1　A拠点地区（＊）
2　B拠点地区（＊）……
(3) 法務・財務態勢の整備（＊）
(4) 自治体の文化戦略（＊）
(5) 自治体の国際政策（＊）
(6) 危機管理計画（＊）
［Ⅶ］**市民生活計画**（シビル・ミニマム計画）
(1) 基盤計画（＊）
1　生活道路
2　上下水道
3　光熱
4　清掃・資源
5　街灯整備・電柱撤去
6　大量交通網
7　幹線道路・空港・港湾
8　公園・広場
(2) 福祉計画（＊）
1　健康管理
2　医療組織
3　公共・食品衛生
4　生活保護
5　高齢者福祉
6　児童福祉
7　交通安全
8　消費者行政
9　公共住宅
(3) 文教計画（＊）
1　子ども文化
2　学校教育
3　文化財・文化施設
4　市民文化活動
(4) 観光リゾート計画（＊）
(5) 土地利用計画（＊）
1　用途指定
2　容積・密度・高度指定
［Ⅷ］**地域整備計画**
(1) 産業計画（＊）
1　産業基盤計画
2　地域産業計画
3　産業開発計画
(2) 公害防止計画（＊）
(3) 自然保全・防災計画（＊）
1　防災計画
2　自然保全計画
［Ⅸ］**財政・用地計画**
［Ⅹ］**国にたいする政策**
［Ⅺ］**計画改定の手続**
（＊印は中間計画が必要な領域）

に老化します。補修・修景の技術開発、財源積立が、政策の量充足から質整備への再編をめぐってあらたにうかびあがってきました。これまでの建築学・破壊学にくわえて、これからは微調整型の補修学、修景学が必要となります。としますと、補修・修景、さらには改築を予測して、財源を「計画」的に積立ていく段階となりました。ここでも、たんなるビルドの時代は終ったのですし、従来型の新ビルドの財源も自治体にはもはやありません。

この改修・修景、ついで改築の計画は、もちろん長期・総合の自治体計画にくみこむとともに、その関連の指数開発の必要を強調したいと思います。しかも、この財源の計画的積立では、「財政調整基金」というようなドンブリ基金ではなく、退職金積立、緑化積立などとおなじく、別建の改修・修景積立、改築積立として、時の長や議員の放漫施策によって喰いあらされないようにする工夫が必要です。

今日、マクロ・ミクロのいずれもの課題変化あるいは専門分化がすすむため、以上の「全体状況」の構造変化について、自治体レベルでは、市民参加・職員参加、ついで情報公開による「予測と調整」「組織と制御」のための見取図としての、図9にみる長期・総合の《自治体計画》の意義と課題は、省庁縦割事業部制の国レベルとは異なって、今後さらに重要かつ緊急となります。

とすれば、ベンチマーク方式あるいはマニフェスト方式のいずれもが、自治体レベルでは、この自治体計画の策定・実現の〈手法〉という位置をもってきます。そのうえ、個別施策それぞれの施策基準、達成期限、財源措置については、「内部工夫」として、先駆自治体では、ほぼどこでも、各部課がみずから、あるいは企画・財政部課で統一して、個別施策についての「施策詳細シート」をつくっているではありませんか。この「施策詳細シート」を整理・公開すれば、総合一覧としてのベンチマーク方式あるいは重点戦略化をめぐるマニフェスト方式とむすびつくわけです。

それゆえ、二〇〇〇年代の今日では、ベンチマーク方式あるいはマニフェスト方式のいずれも、手法としては、日本でもこれまでも独自に工夫されていたわけです。問題はこの「内部工夫」の整理・公開という見識が、長・議会それに職員自体にあるかです。あるいは、政治として市民がそこまでたちいる勇気をもつか、こそが問われていくのです。

ベンチマーク方式についての問題点はすでに五〇頁以降にみましたが、マニフェスト方式については、自治体レベルでは次の二点に注目し、議論をかさねるべきです。

(1) 候補者・政党の思いつき問題。市民参加・職員参加の手続をへて作成される自治体計画〈図9〉全体をふまえない、あるいは実効性・規範性のある自治体計画を今日まで策定できなかった長や政党が、思いつき、ツマミグイでマニフェストをつくっても実効性はなく、かえってマニフェストが空転し、自治体計画策定に参加した市民さらに職員から相手にされなくなります。

(2) 自治体財源の縮少問題。特定重点プロジェクトのいくつかをマニフェストにとりあげ、財源を明示するとしても、自治体の財源はさしあたり縮少傾向にあるため、重点プロジェクトのビルドには、いくつかの現在の施策のスクラップを具体的に明示しなければ、市民たちは財源明示といっても、信用しないでしょう。二〇〇〇年前後、日本の自治体では、財源は既成政策のスクラップによってしか生れません。市民たちは、起債の余力はないことを知っていますから、国にたいしてと同じく、返せないほど積みあがってしまった自治体の借金の拡大をもはや認めないでしょう。

それゆえ、《自治体計画》先行型で、その重点政策をマニフェストにするのが自治体レベルでのマニフェスト方式の本道です。もし、先行の自治体計画が不十分な水準で役立たないときは、マニフェストをかかげて当選した長はこのマニフェスト実現との関連で、直ちに「自治体計画」の改訂にとりくむべきでしょう。選挙時のたんなる思いつき、あるいはつまみぐいのマニフエストならば、カッコヨクシの在来型の「公約」にとどまります。もちろん、同じく国レベルの指数化をともなうマニフェストも、首相候補者ないし政党単位での戦略優先目標の提示となりますが、新内閣発足時にはまずこのマニフェストを必ず閣議決定とすべきです。でなければ、自治体、国の各レベルともに、選挙は政府交替をめざす市民主権の発動、つまり〈革命〉とはなりえません。

のみならず、とくに自治体レベルでは、指数によって個別施策の指標値を明示すればするほど、個別施策相互の整合性とくに法務・財務の整合性をめぐって、《自治体基本条例》ついで《自治体計画》の策定が必要となります。政府としての自治体の権限・財源は、国レベルと異なった意味でまた有限なのですから、個別施策の再編をめぐって長期・総合の最適複合をいかにつくりだすかが、問われます。

かつての中進国型高成長にともなう財源増、バブル期の二日酔が忘れられない人々がいまだに多いのですが、そのような時代はすでに終りました。むしろ、国、自治体を問わず政府政策の量拡大が終わり、先進国型の質整備にむけての政策再編の基準を明示するためにこそ、今日、シビル・ミニマムというミニマム指標設定の意義の再確認が必要となっているといえます。転型期にたつ日本の自治体にとっての、指数・指標の作成・公開の意義と課題をあらためて　確認したいと思います。

最後に、日本の「沈没」ともいわれる二〇〇〇年前後のこの転型期にあって、政治未熟・行政劣化という限界だけでなく、日本自体の構造限界をどうのりこえるかをめぐる問題点を整理しておきます。

人口の限界　　市民文化の熟成をめざして、分権化・国際化による市民活力の新活性化

経済の限界　　官僚再編・情報再編、また技術革新、規制改革による既存資源の再活性化

財源の限界　　法務・財務の熟達による個別施策の効率・効果のたえざる検証

政治の限界　市民活動による各政府レベルにおける政治家の再訓練・新編成
人材の限界　社会の多元・重層化による情報発生源さらに人材養成源の拡大

私たち日本の市民は、明治に造出され、戦後もつづく、官僚組織・教育制度また国家観念などにもはや依存できないため、適切な予測にもとづく「争点指数」を作成・公開し、この指数をめぐって、日本の転型期の構造問題に、市民相互の合意をはかりながらとりくむ勇気と力量をもつことが不可避です。そこには、都市型社会への移行による低成長・少子高齢化がつくりだす自治体税源の自然減から、戦後官僚の失敗による老齢年金、健康保険、雇用保険の制度破綻をはじめとする争点指数が、きびしく、二〇〇〇年前後の私たちにせまっています。指数は、既成の発想を打破して争点を明示し、あらたなる問題解決にむけての「予測と調整」への出発となります。

最後に、「指数の作成・公開なくして政治・行政なし」と、今一度のべて終らせていただきます。つまり情報の整理・公開とは、また指数の作成・公開でもあったわけです。なぜなら、都市型社会の指数は、市民が〈組織・制御〉する政治・行政において、あらたなる〈予測と調整〉をたえず課題としてうみだしていく基本媒体だからです。

（本稿は、二〇〇三年六月二一日、北海学園大学三号館四一番教室で開催された地方自治土曜講座での講義内容をもとに、全面的に書下ろしたものです。）

著者紹介

松下　圭一（まつした・けいいち）
法政大学名誉教授
1929年生まれ。福井県出身。元日本政治学会理事長、元日本公共政策学会会長
【主著】「シビル・ミニマムの思想」（東大出版会）［毎日出版文化賞］。「市民参加」（編著）（東洋経済新報社）［吉野作造賞］。「政策型思考と政治」（東大出版会）［東畑精一賞］。また、「都市政策を考える」、「市民自治の憲法理論」、「日本の自治・分権」、「政治・行政の考え方」、「自治体は変わるか」（いずれも岩波新書）、「転型期自治体の発想と手法」「都市型社会と防衛論争」「社会教育の終焉［新版］」（いづれも公人の友社）など多数。

刊行のことば

「時代の転換期には学習熱が大いに高まる」といわれています。今から百年前、自由民権運動の時代、福島県の石陽館など全国各地にいわゆる学習結社がつくられ、国会開設運動へと向かう時代の大きな流れを形成しました。学習を通じて若者が既成のものの考え方やパラダイムを疑い、革新することで時代の転換が進んだのです。

そして今、全国各地の地域、自治体で、心の奥深いところから、何か勉強しなければならない、勉強する必要があるという意識が高まってきています。

北海道の百八十の町村、過疎が非常に進行していく町村の方々が、とかく絶望的になりがちな中で、自分たちの未来を見据えて、自分たちの町をどうつくり上げていくかを学ぼうと、この「地方自治土曜講座」を企画いたしました。

この講座は、当初の予想を大幅に超える三百数十名の自治体職員等が参加するという、学習への熱気の中で開かれています。この企画が自治体職員の心にこだまし、これだけの参加になった。これは、事件ではないか、時代の大きな改革の兆しが現実となりはじめた象徴的な出来事ではないかと思われます。

現在の日本国憲法は、自治体をローカル・ガバメントと規定しています。しかし、この五十年間、明治の時代と同じように行政システムや財政の流れは、中央に権力、権限を集中し、都道府県を通じて地方を支配、指導するという流れが続いておりました。まさに「憲法は変われど、行政の流れ変わらず」でした。しかし、今、時代は大きく転換しつつあります。そして時代転換を支える新しい理論、新しい「政府」概念、従来の中央、地方に替わる新しい政府間関係理論の構築が求められています。

この講座は知識を講師から習得する場ではありません。ものの見方、考え方を自分なりに受け止めてもらう。そして是非、自分自身で地域再生の自治体理論を獲得していただく、そのような機会になれば大変有り難いと思っています。

「地方自治土曜講座」実行委員長
北海道大学法学部教授　森　啓

（一九九五年六月三日「地方自治土曜講座」開講挨拶より）

地方自治土曜講座ブックレットNo. 92
シビル・ミニマム再考　ベンチマークとマニフェスト

2003年8月25日　初版発行　　定価（本体900円＋税）

著　者　　松下　圭一
企　画　　北海道町村会企画調査部
発行人　　武内　英晴
発行所　　公人の友社
〒112-0002　東京都文京区小石川5－26－8
TEL 03－3811－5701
FAX 03－3811－5795
Eメール koujin@alpha.ocn.ne.jp
http://www.e-asu.com/koujin/